SAINT AGOBARD

EVÊQUE DE LYON

(769-840)

L'EGLISE ET L'ETAT AU MOYEN-AGE
Directeur : Mgr. H. X. ARQUILLIÈRE
IX

DOCTRINE ET ACTION POLITIQUE
D'AGOBARD

I

SAINT AGOBARD
EVÊQUE DE LYON
(769-840)

PAR
MGR. BRESSOLLES
DOCTEUR EN THÉOLOGIE
VICE-RECTEUR HONORAIRE DE L'INSTITUT CATHOLIQUE DE PARIS

PARIS
LIBRAIRIE PHILOSOPHIQUE J. VRIN
6, PLACE DE LA SORBONNE (V^e^)
—
1949

A SON ÉMINENCE

LE CARDINAL GERLIER

Archevêque de Lyon
Primat des Gaules

QUATRE-VINGT-QUATRIÈME SUCCESSEUR

DE

SAINT AGOBARD

AVANT-PROPOS

L'étude que nous présentons a été écrite pour la collection « L'Eglise et l'Etat au Moyen Age », c'est ce qui en a déterminé l'objet et la méthode.

Notre propos n'était pas d'entreprendre un travail d'ensemble sur Agobard mais de nous limiter à l'aspect politique de sa carrière, laissant de côté tout le reste, c'est-à-dire, à certains égards, l'essentiel, en tout cas la plus grande partie.

A y regarder de plus près, il nous a paru nécessaire de retracer avec précision le tableau d'ensemble de l'Œuvre du grand évêque pour situer exactement dans sa vie la part de l'activité politique et pour porter sur sa personne un jugement plus sûr. C'est ce qui fera l'objet de notre premier volume : Saint Agobard, évêque de Lyon.

Aux écrits et aux actes politiques qui feront l'objet du deuxième et du troisième volume, nous avons essayé d'appliquer l'attention la plus patiente et la plus pénétrante. Les textes y sont examinés d'aussi près que possible, de manière à ne rien négliger de ce qu'ils contiennent d'explicite ou d'implicite.

Peut-être aura-t-on le sentiment d'une analyse trop minutieuse ou d'un abus de la dissertation. Que l'on songe qu'il ne s'agit pas strictement d'un livre d'Histoire, mais d'un livre d'histoire des idées.

Prise en elle-même, notre étude est d'une portée très modeste. Elle tire son intérêt de l'ensemble plus vaste dans lequel elle s'insère, et notre but sera atteint si nous avons apporté une pierre solide au vaste édifice conçu et dirigé par le fondateur de la Collection, Mgr H.-X. Arquillière.

Montsoult, 1er *août* 1933.

Diverses circonstances ont retardé l'impression de cet ouvrage. Ronéotypé en 1935, *il figure encore sous cette forme à la Bibliothèque de l'Institut Catholique de Paris et dans quelques bibliothèques privées. Les travaux publiés depuis cette date, n'ont donné lieu qu'à un petit nombre d'additions.*

Paris, 29 *juin* 1947.

CHAPITRE PREMIER

HISTOIRE D'UN VIEUX PROCÈS

I. Historiens d'ancien régime - II. Historiens du XIXe Siècle et du XXe Siècle

A tort ou à raison, Agobard de Lyon a constamment passé pour l'agent responsable de la « déposition » de l'Empereur Louis le Pieux en 834 [1]. C'est, en tout cas, ce qui lui a valu les honneurs de la grande Histoire.

Son intervention dans la révolte des fils de Louis le Pieux a retenu sur lui l'attention beaucoup plus que l'œuvre pastorale qui reste cependant la grande affaire de sa vie, et qui suffirait à le placer au premier rang de l'épiscopat de son temps.

Son action politique se limite à quelques années. Mais elle est si vigoureuse, si décidée, elle se produit dans des circonstances tellement graves, elle entraîne de si lointaines conséquences, qu'elle s'impose à quiconque veut étudier l'Histoire du IXe siècle, plus encore, à quiconque s'intéresse aux conceptions politiques du Moyen Age et spécialement à l'éternelle et difficile question des rapports entre l'Eglise et l'Etat.

Le rôle d'Agobard, dans la déposition de Louis le Pieux est très apparent. Il a laissé lui-même plusieurs écrits relatifs aux événements de 830 à 834, notamment une relation de la pénitence de l'Empereur dans laquelle il engage, avec toute la netteté possible, sa responsabilité.

Mais s'il s'est fait ainsi une place dans l'Histoire, Agobard a du même coup mis en péril toute sa réputation.

Les Historiens qui sont unanimes à lui reconnaître les plus éminentes qualités sacerdotales, la science la plus étendue, l'esprit le plus éclairé, sont à peu près unanimes aussi à prononcer sur sa conduite politique des jugements sévères.

Baluze résume assez bien l'opinion commune lorsqu'il écrit : « Agobard fut à coup sûr un très grand homme, mais par une seule faute, des plus abominables, il souilla toutes les belles actions de sa vie et ses hautes vertus » [2]. S'il ne se fût point mêlé de poli-

1. C'est déjà ce qu'affirme son premier éditeur PAPIRE MASSON. « Agobardus... Leidradi successor fuit temporibus Ludovici pii caesaris regisque Francorum, ejusque exauctorationi apud Suessiones... in monasterio Sancti Medardi praefuit. » (Edition M.D.C.V. praefatio. a. III.)

Nous employons ici, sans le faire nôtre le terme usité de « déposition », nous essayerons de préciser la portée véritable des actes du Lügenfeld et de S. Médard.

2. BALUZE, *S. Agobardi arch. Lugd. opera*, P. L. col. 32, B. « Plane magnum virum fuisse persuasum habeo. Sed uno pessimo facinore, quidquid nonnulli contra sentiant, illustria sua facinora ingentesque virtutes commaculavit. » Et plus loin (col. 321) : « peracta est nefanda illa optimi principis exauctoratio. »

tique, il aurait à coup sûr, laissé la mémoire incontestée d'un grand et saint évêque [1].

I

Historiens d'ancien régime

Ne nous étonnons pas si les plus anciens jugements sont en général les plus durs.

Si haut qu'ils se placent au-dessus des événements pour en connaître, les historiens appartiennent eux-mêmes à l'Histoire. Ils sont de leur temps, ils en partagent les idées, les préjugés, les passions quelquefois. Les arrêts qu'ils rendent sont rarement *sub specie aeternitatis*. On voudrait qu'il y eut un jugement de l'Histoire, que de fois on y fait appel ! Nous ne rencontrons, en réalité, que des jugements d'historiens.

Au début du XVIIe siècle, date à laquelle Papire Masson découvre les écrits d'Agobard et les publie [2], les circonstances sont peu favorables à l'évêque de Lyon.

C'est l'époque d'une renaissance des sciences historiques, renaissance de caractère nettement national et monarchique. On scrute les archives, surtout celles de la couronne, on commence à composer des Histoires de France qui sont en réalité des histoires dynastiques [3] et en même temps s'achève la doctrine de la royauté française dans sa forme parfaite, absolue, irresponsable, de droit divin.

Au milieu d'un tel mouvement d'idées, la déposition de l'Empereur Louis le Pieux devait apparaître comme un attentat digne d'exécration, contre la Majesté royale. L'intervention de l'Eglise dans cette affaire d'ordre politique était une circonstance très aggravante. L'indépendance du Souverain à l'égard de la puissance pontificale était un point de doctrine sur lequel on était d'autant plus susceptible qu'il avait été plus contesté. La pénitence imposée par les évêques à Louis le Pieux était le symbole

1. A vrai dire on peut relever contre Agobard d'autres critiques que nous examinerons plus loin. Quelques auteurs ecclésiastiques lui ont reproché d'avoir erré dans la question des images ou encore d'avoir professé certaines doctrines gallicanes. Quelques historiens modernes ne lui pardonnent pas ses polémiques contre les juifs. M. Théodore Reinach lui reproche positivement d'avoir manqué de charité chrétienne et s'étonne qu'il ait été canonisé. Mais aucune de ces accusations n'a jamais eu, à beaucoup près, l'importance du grief politique.

2. La première édition des œuvres d'Agobard, celle de Papire Masson, est de 1605, à Paris, chez Denis Duval. Cf. *infra*, p. 36.

3. Ce n'est guère qu'au XIXe siècle que l'histoire, jusqu'alors groupée autour de la monarchie, commencera à se décentraliser.

de cette suprématie ecclésiastique que, depuis les légistes, le droit français et la politique royale s'étaient appliqués à détruire [1].

Au XVIIe siècle, tous les serviteurs de la Monarchie gardent des « usurpations » passées de l'Eglise un vif ressentiment et, pour l'avenir, ils restent en défiance. La paix règne entre l'Eglise et l'Etat, mais c'est, si l'on ose dire, une paix armée.

Il est naturel que les écrivains de cette époque aient été dominés par les préoccupations d'une actualité passionnante, naturel aussi, en ce premier état de leur science, qu'ils aient manqué de sens historique. Il n'en est pas moins vrai qu'ils versent tous dans l'anachronisme et que leur sévérité s'explique surtout parce qu'ils jugent des événements du IXe siècle comme s'ils se déroulaient sous leurs yeux, au XVIIe. Le Roi dont ils épousent la cause, c'est celui qui réside au Louvre ou à Versailles.

Scipion Dupleix, historiographe du Roi, nous fait, dans son Histoire générale de France, publiée de 1621 à 1643, un récit indigné :

« Le Parlement étant ouvert (il s'agit du plaid de Compiègne)... ils proposèrent qu'il (Louis) devait être dégradé de l'Empire [2].

« Les prélats furent ceux qui l'oppressèrent le plus outrageusement de fait et de parole avec des opprobres, reproches et injures inouïes à l'endroit d'un tel monarque. Les plus insolents de tous furent les archevêques de Reims, de Lyon et de Narbonne et les évêques d'Amiens et d'Auxerre, les noms desquels je voudrais que les anciens historiens eussent supprimés pour les ensevelir dans les ténèbres d'oubliance.

« L'horreur que j'ai de décrire une action si honteuse pour la France me la fera trancher court. Jamais monarque légitime ne fut si indignement traité par ses enfants. Le Roy Débonnaire à genoux dans l'église, en la présence de ses vassaux et d'une tourbe innombrable de peuple, tenant un cartel en ses mains qui contenait les causes sus-dites et plusieurs autres impostures, est contraint de les lire lui-même, les confesser et demander par-

1. *Déclaration du Clergé de France* sur la puissance ecclésiastique (19 mars 1682), art. I.

« Que saint Pierre et ses successeurs vicaires de Jésus-Christ, et que toute l'Eglise même n'ont reçu de puissance de Dieu que sur ces choses spirituelles et qui concernent le salut, et non point sur les choses temporelles et civiles... Nous déclarons en conséquence que les Rois et Souverains ne sont soumis à aucune puissance ecclésiastique par l'ordre de Dieu dans les choses temporelles ; *qu'ils ne peuvent être déposés directement ni indirectement par l'autorité des clefs de l'Eglise* ; que leurs sujets ne peuvent être dispensés de la soumission et de l'obéissance qu'ils leur doivent ou absous du serment de fidélité ; et que cette doctrine, nécessaire pour la tranquillité publique et non moins avantageuse à l'Eglise qu'à l'Etat, doit être invariablement suivie, comme conforme à la parole de Dieu, à la tradition des Saints Pères et aux exemples des Saints. »

2. DUPLEIX, avec beaucoup d'autres, confond pénitence et déposition, C'est, nous le verrons, une erreur.

don à Dieu et à l'assemblée qui lui faisait une injure irréparable, et après tout est forcé d'ôter son baudrier et le poser sur l'autel, dépouiller ses habits séculiers et prendre de la main, non pas sacrée, ains exécrable de ces prélats infâmes, l'habit de pénitent [1]. »

Bossuet, dans sa Défense de la déclaration du clergé de France de 1682, ne s'indigne pas moins vivement contre l'entreprise des évêques [2] ; mais il tient surtout à affirmer qu'elle est dépourvue de toute valeur juridique, absolument nulle et vaine n'étant pas autre chose qu'un attentat commis par des prélats séditieux et que n'autorisait aucun précédent. Et il conclut de la restauration de l'Empereur qu'il relate d'après Thégan : « Tant il était évident aux yeux mêmes des contemporains que la puissance royale était de par son droit divin, inviolable et supérieure au jugement de tout autre puissance [3]. »

1. Dupleix, Scipion (1569-1661), *Histoire de France*, 6e édition, 1648, t. I, p. 430.

Le récit par le même auteur de la restauration de l'Empereur à Metz, en 840, achève de peindre son état d'esprit. Le chapitre est intitulé : « L'Empereur est rétabli par les bons français. »

« L'Empereur... vint à Metz où il voulut être rétabli par tous les Evêques qui s'y trouvèrent. Ils annulèrent donc sa dégradation comme très inique et souscrivirent son rétablissement.

« Je ne sais où c'est que Paul-Emile, Italien, a trouvé que Louis fut rétabli de l'autorité du Pape Grégoire, car nul auteur de ce temps-là ni des siècles prochains n'en dit rien. Mais c'est pour avancer l'autorité du Pape en France par une flatterie italienne, comme les libertins d'aujourd'hui tâchent de la détruire par une malice genevoise. » *Hist. de Fr.*, *ibid*, p. 435.

2. « Nono saeculo memoranda nobis est depositio Ludovici pii imperatoris et francorum regis per Lotharii filii impiam ac nefariam factionem protractis in consensionem sceleris non modo proceribus ac militibus, verum etiam episcopis ; Ebbone Rhemensi seditionis incentore. Quamquam enim haec paulo post communi consensione rescissa sint, ac teste Baronio (Baron. t. IX.) « Rem per vim ac metum actam, coloratamque falso religionis pigmento nemo non dixerit atque improbarit ; » non desunt tamen qui haec quoque infanda ac toti Ecclesiae detestata nobis objiciant. »

« Nempe, inquiunt, extant et apud Baronium et in Conciliorum libris Compendii acta, quibus titulus : Exauctoratio Ludovici pii Episcoporum nomine publicata. Ex his autem patet Ludovicum pium anno 833, imposita publica poenitentia deposuisse cingulum militare, judicatumque ab Episcopis secundum canones id consequi, « ut post tantam talemque poenitentiam nemo ultra ad militiam saecularem redeat, » quod iden profecto erat ac regno exclusisse : idque adeo fas esse episcopis judicabant, ut etiam Ludovicus ab ea sententia eorum auctoritate absolvi se vellet : scribit enim coaevus autor vitae Ludovici (vita Ludov. ad ann. 834, p. 807) : « imperator episcopali ministerio voluit reconciliari et per manus episcoporum accingi consentit. » Quin etiam Baronius Gregorii IV papae auctoritate restitutum eum fuisse ex Paulo-Æmilio rerum francicarum Scriptore et Mariano Scoto antiquiore annalista probare nititur. » Bossuet, *Defensio declarationis cleri Gallicani*. Pars II, lib. VI, cap XXI, p. 211. Luxemburgi 1730. Gallia orthodoxa, pars I, lib. II, cap. XXI, Tours 1863.

3. «... Nos autem etsi ea quae a Rege imbecilli et per proditionem deposito, atque a seditiosis Episcopis inaudito exemplo sunt gestae ut nulla et irrita contemni potuerunt ; tamen Veritatis amore ducti rem ipsam expendimus... satis ergo intelligebant quam inviolata esset et ab omni alia potestate immunis, divino etiam jure, potestas regia. » *Ibid.*

Baluze [1], Moreri [2], Dom Bouquet [3] ne sont pas moins sévères et n'admettent pas d'excuse à la conduite d'Agobard.

Une chose restait gênante pour ces auteurs catholiques : de temps immémorial Agobard était vénéré comme un Saint par l'Eglise de Lyon. Comment concilier avec de si grands crimes la sainteté ?

Une solution à la fois ingénieuse et facile et que semblait dicter la théologie [4] avait été proposée de très bonne heure par un jésuite de Lyon, Théophile Raynaud.

Ce Lyonnais paraît avoir ressenti personnellement l'injure faite à son évêque. Son *Hagiologium Lugdunense*, publié en 1662, contient en tout cas la première défense en règle de toute la conduite d'Agobard. Il commence par affirmer d'un ton résolu, agressif même, qu'Agobard n'a jamais été coupable, mais qu'il est seulement resté fidèle au serment qu'il avait prêté à l'*ordinatio* de 817 :

« On ne saurait tolérer, dit-il, l'impudence et la témérité des modernes qui rapportant à leur propre mesure l'esprit des autres nous présentent Agobard comme un factieux et un séditieux. Ils ont une façon de le couvrir de fleurs qui nous ferait croire qu'il n'a été guidé dans l'affaire dont il s'agit, que par la méchanceté et les sentiments les plus pervers.

« La fausseté d'une pareille assertion ressort clairement de la lettre écrite par Agobard lui-même à l'Empereur Louis. On y voit, avec évidence, que la conduite d'Agobard a été inspirée par la crainte d'offenser la religion et de violer le serment prêté au fils de Louis sur l'ordre même de celui-ci, et nullement par des sentiments de haine [5]. »

1. Baluze, édition des *Œuvres d'Agobard*, 1666, dans P.L., t. CIV, col. 32, n. 1. Cf. *supra*, p. 11, note 2.

2. Moreri, *Grand Dictionnaire Historique*. 1673. Nouv. Edit., Paris 1732, I, p. 261.

3. « Agobard, dit-il, rejette la cause des troubles et des dissensions qui affligeaient le royaume de France cette année, sur l'Empereur Louis, parce qu'il avait changé la division qu'il avait faite de l'Empire entre ses fils et qu'il avait omis, dans les lettres impériales, le nom de Lothaire qu'il avait associé à l'Empire. C'est pour la même raison que Théophile Rainaud tâche, mais en vain, d'exempter Agobard de faute, quoiqu'il ait fomenté la rébellion de Lothaire contre son père. Car aucun écrivain d'entre ceux qui ont vécu depuis les auteurs de la déposition de ce bon prince n'a entrepris jusqu'à présent la défense d'une action si infâme. » Dom Bouquet, *Hist. des Gaules*, 1738-1752. Nouv. Edit. 1867-1871, t. VI, p. 25.

4. La déduction paraît certaine à Dom Bouquet. « Theophilus tamen Raynaldus in sanctorum Lugdunensium indiculo ex eo quod Agobardus Kalendario Lugdunensi insertus sit, *recte infert dubium non esse* quin vel impactis noxis immunis fuerit, vel eas ante obitum condignis poenitentiae imbribus eluerit. » (*Hist. des Gaul.*, VI, p. 246 en note.) Dom Bouquet, nous l'avons vu, rejette d'ailleurs fermement la première des alternatives.

5. Théophile Raynaud S.-J., *Hagiologium Lugdunense* (1662) dans *Opera Omnia*, Lugduni 1665, t. VIII, p. 28.

A quoi Baluze répond aisément : « Quasi vero non constet neminem se reum fateri et quicumque rebellionem caeptant aut fovent, justis se de

Il conclut en rappelant qu'au surplus, l'Eglise de Lyon a inscrit Agobard à son martyrologe, qu'elle l'honore par un office de rit double, qu'il s'est illustré par des miracles et que l'on est, par conséquent, obligé d'admettre ou bien qu'il fut innocent des crimes qui lui sont imputés, ou bien qu'avant sa mort il les a lavés dans les larmes d'une juste pénitence [1].

L'hypothèse des larmes fit fortune. Plusieurs même qui n'acceptaient pas les explications de Th. Raynaud, l'adoptèrent, gardant ainsi la liberté de censurer sévèrement l'évêque de Lyon, sans toutefois heurter les sentiments de son Eglise et l'autorité de la liturgie. Ainsi firent les auteurs de l'Histoire Littéraire de la France [2], le R.-P. Longueval [3], Dom Ceillier [4].

causis facere non profiteantur. Denique si deest praetextus boni publici, obtenditur infractio pactionum, violatio jurisjurandi aut aliquid simile.

« Quod si illa Theophili Raynaudi argumentatio valeret, facile ostenderem extra culpam esse episcopos omnes qui exauctorationem Ludovici peregere. Quid enim in speciem sanctius, quid religiosius, quid episcopali gravitate dignius, quam acta impiae illius ac nefandae exauctorationis ? Et tamen posteritas istos culpavit, neque quisquam hactenus infamem illam principis optimi dejectionem excusare aggressus est, eorum nimirum qui post illos vixere. Nam vel unus Agobardus exemplo erit, non destitutas fuisse Lotharii partes viris eruditis, qui manu linguaque rebellionem foverent. Ego venereor Agobardum ex animo ; sed hominem fuisse credo : et quae perperam egit, ea neque probo, neque excusare conor. « Not. ad. Agob. Flef. epist. P. L. CIV, col. 290, d.

Les Bollandistes se montrent plus indulgents. *Acta Sanctorum*... Bolland (1695) Jun. I, 129-31 (3*a*, 736-37).

1. Théop. Raynaud, S.J., *Hagiologium Lugdun.*, p. 18.

2. « Jusque-là Agobard avait été un grand évêque et s'était acquis beaucoup de réputation dans la conduite des affaires de l'Eglise, mais il ternit horriblement sa gloire en prenant le parti de Lothaire. On vit ce prélat parmi les auteurs de cette rébellion et il parut même à la tête des évêques qui, dans l'odieuse assemblée de Compiègne, en 833, donnèrent les mains à la déposition de ce bon empereur. Il fit davantage et alla jusqu'à défendre par un manifeste apologétique, la révolte de Lothaire et de Pépin contre l'Empereur, leur père, et l'attentat des évêques qui les favorisaient.

« Cette action, il faut l'avouer, ne pourra jamais trouver de justification dans l'esprit de ceux qui savent ce que doivent des sujets à leur prince légitime. Il y a pourtant des écrivains (Ray. t. VIII, p. 28, 1, 2) qui soutiennent que la malignité et l'esprit de faction y eurent moins de part que la crainte de violer le serment de fidélité qu'Agobard avait prêté à Lothaire. Mais ne l'avait-il pas également prêté à l'Empereur Louis ?

« Tout ce qu'on peut dire de mieux fondé c'est qu'il se repentit dans la suite d'une telle action et qu'il la détesta sincèrement. » *Histoire Littéraire de la France*, Paris 1738, t. IV, p. 567-583.

3. Les huit premiers volumes de l'*Histoire de l'Eglise gallicane* du R.-P. Longueval S.J. (1680-1735), sont bien de lui. Les volumes suivants, en tout dix-huit in-4°, sont des PP. Fontenay, Brunoy et Berthier L'édition dura de 1730 à 1749. Nous citons d'après la 4e édition (1826).

« C'est ainsi, dit-il, que les évêques, étendant témérairement sur le temporel l'autorité spirituelle que leur ministère leur donne, tâchèrent de cacher sous le voile de la religion, la noirceur de l'attentat qu'ils commettaient contre leur Souverain. Rien ne doit paraître plus surprenant que la témérité d'une pareille entreprise, si ce n'est peut-être la douceur et la soumission avec laquelle ce prince sut la souffrir.

« La relation particulière que fit Agobard, de la pénitence publique de

Le malheur est que nous ne trouvions aucune trace du prétendu repentir de l'Evêque de Lyon. Il n'en est jamais question avant l'ouvrage de Théophile Raynaud, et quant aux témoignages anciens, ils ne favorisent aucunement l'hypothèse. Wala, son compagnon de lutte, chargé des mêmes fautes, pressé de se reconnaître coupable en échange du pardon le plus complet, répondit qu'il ne pouvait se calomnier lui-même [1]. Pour qui connaît le caractère d'Agobard, il est invraisemblable qu'il ait montré moins d'intransigeante fermeté. Le culte que lui rend la cité où il vécut, s'adresse d'ailleurs à un grand évêque, nullement à un repenti.

Il semble donc bien que les larmes d'Agobard n'aient jailli que de l'imagination d'écrivains embarrassés.

Il devait cependant rester quelque chose de la défense présentée par Théophile Raynaud : d'abord cette sorte d'hésitation que produit toujours dans l'esprit une contradiction résolue ; et puis le sentiment qu'il y a réellement quelque chose d'étrange à attribuer au même Agobard des intentions et des actes abominables dans l'ordre de l'action politique et à lui reconnaître dans toutes les autres parties de son activité, les plus belles qualités de l'esprit et de l'âme, à flétrir, — le mot n'est pas trop fort — le personnage politique, et à exalter l'évêque.

Est-il donc si facile d'imaginer qu'un homme dont toute l'œuvre porte la marque de la droiture la plus courageuse, se conduise soudain en hypocrite, qu'il passe brusquement du zèle au mépris des Lois, de la vertu au crime ? Est-il psychologiquement, moralement possible que, dans le même temps, selon qu'il s'applique à ceci ou à cela, il prenne des attitudes si contradictoires ?

Dom Ceillier, qui fait preuve d'une relative indulgence, ajoute à l'argument de Th. Raynaud une observation d'un grand poids. Il insinue qu'il devait y avoir quelques circonstances atténuantes à la conduite d'Agobard, puisque « la faute lui avait été commune

Louis le Débonnaire, est parvenue jusqu'à nous ; on ne peut la lire sans indignation, non plus qu'un manifeste qu'il publia pour la défense de Lothaire et de ses frères. Ce dernier écrit n'est qu'une satire sanglante de la conduite de l'Empereur et de l'Impératrice Judith qu'on accuse sans pudeur des plus infâmes désordres.

« Un pareil ouvrage répond mal à la réputation de sainteté que l'auteur avait pendant sa vie et qu'il n'a conservée après sa mort que parce qu'il a pleuré ses excès. » (LONGUEVAL, *Hist. de l'Egl. Gall.*, 4e éd., L. XV, p. 23-28.

4. DOM CEILLIER (1688-1761), *Hist. gén. des ant. sacr. et eccl.*, Paris 1729-1763. 23 vol. in-4o t. XII, p. 366. « L'Eglise de Lyon l'honore comme un saint, ne doutant point, apparemment, qu'il ait expié la faute qu'il avait faite en prenant part à la révolte. »

1. *Epitaph. Arsen.*, II, 10. Les auteurs de l'*Histoire littéraire de la France* se trompent quand ils écrivent (t. IV, p. 570) « il commença à en donner quelques marques (de repentir) dans une lettre qu'il écrivit aussitôt après à l'Empereur même pour déplorer la division et les troubles de l'Etat. » Cette lettre, « Flebilis Epistola », est antérieure à la déposition de l'Empereur. Nous le montrerons ultérieurement.

avec plusieurs ecclésiastiques, tous en réputation de sagesse et de doctrine. Savoir : Wala, abbé de Corbie, Hilduin, abbé de Saint-Denis, Barnard, évêque de Vienne, et Jessé, évêque d'Amiens [1].» Noms auxquels on pourrait ajouter ceux d'Elie, évêque de Troyes, de Barthélemy, évêque de Narbonne, de saint Héribold, d'Auxerre.

Est-il, en effet, vraisemblable que tous ces hommes éminents par le rang, l'intelligence, la vertu, la piété, se soient ensemble enrôlés dans une entreprise criminelle ; qu'ils aient accepté sans contrôle des calomnies sur l'Impératrice Judith et son complice, qu'ils aient déchaîné la guerre civile, sans souci du bien de leur peuple ?

N'étaient-ils pas mieux informés de la véritable situation de l'Empire et du Palais, que Dom Bouquet, ou le R.-P. Longueval, si érudits qu'on les suppose ?

Mais il est si difficile d'obtenir la revision d'un premier jugement ! Ces remarques firent peu d'effet, Agobard était une fois pour toutes noté.

L'abbé Velly, dont l'Histoire de France obtint à la fin du XVIIIe siècle un si grand succès et resta jusque sous l'Empire une sorte de manuel classique, résume ainsi toute l'affaire : « On ne se rappelle qu'avec horreur les excès où se porta cette Assemblée (celle de Compiègne). La religion y fut jouée, la Majesté des Rois oubliée, toutes les lois de la nature ouvertement violées. On est surpris de voir Agobard et Wala tous deux en réputation de sainteté se prêter à ce ministère d'iniquité [2]. »

C'est à peine si l'accusé est admis au bénéfice d'un certain doute.

II

Historiens des XIXe et XXe Siècles

Au XIXe siècle, l'essor des sciences historiques devait favoriser la cause d'Agobard, en faisant naître un sentiment plus

1. DOM CEILLIER, *Op. cit.*, t. XII, p. 366.

La même tendance à l'indulgence se manifeste dans la *Bibliotheca Veterum Patrum*.

GALLAND défend la sainteté d'Agobard contre un autre grief : celui d'avoir erré dans la question des images. (Cf. *infra*, ch. IV, p. 73.) Il ne cherche pas à l'innocenter de la même manière dans sa conduite politique, mais la faute ne lui paraît pas énorme, péché de faiblesse plutôt que de malice. « Nihil ergo mirum si Agobardus *Sancti* nomine censeatur in veterum martyrologiis, cum et revera pius esset admodum nec contra verum imaginum cultum sentiret, in principem vero humanitus peccaverit. » *Bibl. Vet. Patr.*, préface, p. II.

2. VELLY, *Histoire de France*, édition de 1769, t. II, p. 40. Autres éditions en 1755, 1769, 1785, etc... En 1819-21 nouvelle édition par Dufau.

juste des circonstances de temps et de milieu politique où son action s'était développée.

Ce n'est pas que les historiens se soient alors affranchis de préoccupations ou de passions trop actuelles. Tant s'en faut ! Les droits et prérogatives de la monarchie absolue ne leur tiennent plus au cœur [1]. Mais, en revanche, certaines idées, celle, par exemple, de liberté, ou de souveraineté populaire ou de laïcité, ne sont pas sans émouvoir et troubler un peu leur jugement. En outre, plusieurs d'entre eux sont animés à l'égard de l'Eglise d'une hostilité profonde qu'on ne trouvait pas chez les anciens auteurs. Où ceux-ci voyaient seulement l'abus d'un pouvoir en soi-même légitime et bienfaisant, ils dénoncent l'éternelle entreprise d'une puissance d'erreur et d'oppression.

Ces historiens modernes sont, en somme, aussi tentés que leurs anciens de retrouver dans le très lointain Moyen Age, l'analogue de ce qu'ils ont sous les yeux ; ils en ont parfois l'intention formelle [2]. Faut-il dire que cette projection du présent sur le passé ne va pas sans nuire un peu à la connaissance exacte de celui-ci ?

Pour esquisser à grands traits les mouvements de l'opinion nous citerons ici, de préférence aux travaux spéciaux que nous retrouverons au cours de notre étude, les histoires générales qui ont obtenu l'audience du grand public.

Dès 1821, Sismondi dans son *Histoire des Français* prend des positions qui, au siècle précédent, auraient fait scandale. « La faiblesse d'un souverain, dit-il, n'est point incompatible avec son despotisme, et la débonnaireté de Louis ne mettait ni ses peuples, ni ses nobles, ni ses fils eux-mêmes à l'abri des usurpations de tous leurs droits. L'instabilité de tous les partages, le mépris pour tous les arrangements convenus, la violation de tous les serments qui leur devaient servir de garantie, causaient un mécontentement universel [3]... »

1. Ch. Lenormant, *Questions historiques* (1844-1846), 28e leçon.

« Voici peu d'années que des historiens ont soumis ces faits à un nouvel examen et en ont tiré des conséquences imprévues. On a produit des documents jusque-là négligés ; on ne s'en est plus rapporté comme autrefois aux apologistes intéressés de la cause impériale. Le préjugé qui régnait dans l'ancienne société et qui empêchait le regard de s'approcher de la majesté souveraine s'étant dissipé par l'effet des révolutions, l'esprit a conquis plus de liberté et d'impartialité ; et la vérité obscurcie par les historiographes de l'Empire a pu se faire jour. »

2. « L'histoire naquit à nouveau (au xixe siècle) non pas du paisible travail de cabinet, mais de la lutte des partis », écrit C. Jullian dans son excellente introduction aux *extraits des Historiens français*, Hachette 1896, p. xiv.

« Mais, ajoute-t-il, quel historien pourra jamais s'abstraire entièrement de son époque, de son milieu, de ses sympathies personnelles ! Fustel de Coulanges et Tocqueville, sous les dehors d'une science austère et toute objective, ont été des passionnés, des hommes de combat et, à certaines heures, des hommes du moment. » (*Ibid.*, p. xxi.)

3. Sismondi, *Histoire des Français*, Strasbourg et Londres, 1821, t. III, p. 20 sqq.

Manifestement on s'avise qu'il existait d'autres droits que le droit royal et le bon plaisir, qu'il y avait de graves torts du côté de Louis et que ses adversaires n'étaient pas dépourvus de bonnes raisons. Ce que Th. Raynaud et Dom Ceillier laissaient entrevoir, on l'expose :

« Les motifs pour prendre les armes, semblent avoir été tout au moins plausibles, puisque Grégoire IV, Pontife dont la réputation n'a pas souffert d'atteinte, et qui n'avait, dans cette occasion, d'autre intérêt que celui de la paix, accompagne Lothaire d'Italie en Allemagne et paraît embrasser la cause des trois fils contre leur père [1]. »

Le jugement d'ensemble de Sismondi reste très réservé : « Notre connaissance de tous ces événements est si incomplète, dit-il, que nous ne saurions juger la moralité des personnages que nous y voyons en action [2]. »

Michelet se montre plus fidèle à l'opinion traditionnelle. Observons toutefois que c'est au nom de principes nouveaux qu'il renouvelle l'ancien anathème contre les fauteurs de la pénitence de S. Médard [3]. De préférence à Agobard, il charge Ebbon de Reims, ou Wala dont il dit qu' « il eut le malheur d'associer un nom jusque-là sans tache, aux révoltes parricides des fils de Louis ». Mais c'est finalement à Lothaire qu'il réserve ses traits les plus indignés. Il raconte avec horreur comment ce fils dénaturé avait tenu le vieil Empereur à l'autel « pleurant et balayant la poussière de ses cheveux blancs ; comment il s'était enquis des péchés de son père, nouveau Cham qui livrait à la risée la nudité paternelle ».

Rohrbacher dans son Histoire universelle de l'Eglise Catholique [4], se montre beaucoup plus favorable à Agobard dont il

La publication des premiers volumes de Sismondi fut un événement. L'auteur était allé aux sources, ignorant ou feignant d'ignorer ses devanciers. Comme Thierry, il avait horreur de l'anachronisme, il présente assez exactement les faits.

1. *Hist. des Fr.*, *ibid.*

2. Sismondi, *Op. cit.*, p. 23, il qualifie cependant d' « injurieux » le langage des évêques. Tout compte fait, c'est contre l'Empereur qu'il se montre le plus dur. « De tous les crimes dont Louis s'accusa dans l'Eglise de Soissons, le plus grand était peut-être celui de déshonorer par cet acte de lâcheté la Nation dont l'honneur était plus spécialement confié à sa garde. » *Ibid.*, p. 26.

3. Michelet, *Histoire de France*, 2e édit., 1835, t. I, p. 365 sqq.

4. Rohrbacher, *Histoire Universelle de l'Eglise Catholique*, 1844, t. XI, p. 500 sqq

Le fait que Rohrbacher appartenait au clergé catholique n'enlève pas tout intérêt à son jugement. La plupart des auteurs d'ancien régime que nous avons cités étaient aussi gens d'Eglise. Cela ne les empêchait pas de condamner la procédure suivie contre Louis le Pieux.

Cet auteur qui a joui et pendant longtemps d'une grande réputation dans le monde catholique, est aujourd'hui généralement dédaigné. Ses faiblesses nous semblent imputables plus à son temps et à l'ampleur du sujet qu'il a embrassé, qu'à son esprit, ordinairement judicieux.

cite largement les lettres et les remontrances à l'Empereur. Il reprend à son compte le jugement de Sismondi dont il fait remarquer qu'il est « protestant, non suspect de flatter les Papes et le clergé catholique ».

S'abstenant de toute censure contre la procédure suivie, il conclut qu' « il y avait assez de motifs pour déposer l'Empereur Louis comme incapable, sinon peut-être, de le punir comme coupable. Du reste, ajoute-t-il, comme dans les révolutions politiques, le plus difficile n'est pas toujours de faire son devoir, mais de le connaître, il n'est pas étonnant de voir, non seulement des hommes respectables, mais de saints personnages de part et d'autre »[1].

Henri Martin attribue le plan qui consistait à faire de Louis un pénitent, à Lothaire et non pas aux évêques. Ceux-ci restent cependant complices d'une mauvaise action : « Les archevêques, Agobard de Lyon et Ebbe de Reims, consentirent à être les instruments de ce fils dénaturé. Ebbe... se déshonora par son ingratitude ; quant à Agobard, l'homme le plus éclairé de son siècle, emporté par l'ardeur des passions politiques, il n'avait pas été désabusé aussi promptement que Wala : il croyait encore à la cause de l'Empire[2]. »

Cette dernière réflexion, pénétrante mais assez mal liée avec ce qui précède, est probablement un écho de la très remarquable étude publiée dès 1849 par Himly sur Wala et Louis le Débonnaire[3]. Himly, au début de sa carrière, venait de montrer, dans

1. *Ibid.*, p. 519 : Cette prudente incertitude est partagée à cette époque, par ceux qui visent à l'impartialité.

Ch. LENORMANT, dans son *Cours profess. à la Faculté des Lettres de Paris*, entre 1844 et 1846, écrit : « C'est une des portions les plus obscures et, en général, la moins intéressante de notre Histoire. On ne sait à qui s'attacher. Le père montre tant de faiblesse et d'inconstance, ses enfants se laissent aller contre lui à des violences, en apparence si gratuites : que croire au milieu de ces scènes étranges ? » (28e leçon).

L'auteur d'une *Histoire des luttes politiques et religieuses dans les temps Carlovingiens*, parue en 1852, FRANCIS MONNIER, admettrait qu'Agobard et les évêques de son parti aient agi par d'autres motifs que la passion de dominer, mais la pénitence de Compiègne n'en est pas moins une entreprise dangereuse de la puissance ecclésiastique. Aussi n'ose-t-il « porter un jugement bien assuré sur l'un de ces événements que l'on peut bien expliquer, sans doute, mais qu'il serait téméraire de justifier. » (p. 138-139.)

2. HENRI MARTIN, *Histoire de France*, 1855, t. II, p. 399. A propos du procès–verbal de ce qu'il appelle « l'odieuse cérémonie de saint Médard », Henri Martin conclut : « il fallait que la passion politique eût bien égaré la haute intelligence d'Agobard pour qu'elle lui fît approuver cette pièce étrange. »

3. HIMLY soutenait en 1849, à l'école des Chartes, une thèse publique dont les propositions suivent : (*Bibliothèque de l'Ecole des Chartes*, t. V, 2e série).

« Parmi les sources relatives à Wala et à Louis le Débonnaire, l'Epitaphium Arsenii est la plus importante, mais aussi la moins aisée à comprendre.

« Wala se proposa pour but de continuer sous Louis le Débonnaire, la double œuvre de Charlemagne, soumission de l'Europe occidentale sous la

l'entreprise des rebelles, un mouvement inspiré par les vues politiques les plus hautes et qui ne tendait finalement qu'à continuer et à parfaire l'œuvre de Charlemagne. Nous aurons à revenir sur cet ouvrage capital et qui constituait la contribution la plus solide à une revision générale de l'affaire.

Mais il appartenait encore à un lyonnais, l'abbé Chevallard, de prendre en mains la cause du saint évêque de Lyon et de pousser à fond l'essai de réhabilitation ébauché au XVIIe siècle par Th. Raynaud. Le gros volume de l'abbé Chevallard, publié en 1869 [1], est évidemment vieilli. « Le style en est pompeux », les méthodes pas toujours rigoureuses, le parti-pris d'apologie certain. Nous n'en soutiendrons pas toutes les opinions ; on pour-

suprématie franque, et fusion des principes germanique et romain dans l'intérieur de l'Empire franc.

« Louis le Débonnaire, comme l'avait prévu Wala, se trouva incapable de diriger l'empire franc par lui-même. Sous la direction de ses premiers favoris, il ne s'occupa que d'affaires religieuses ; sous l'influence de Judith, il bouleversa l'empire en s'attaquant à l'acte de partage de 817.

« La charte de partage de 817, rédigée par l'aristocratie franque dans un sens essentiellement unitaire, devint la grande charte de ses droits. Toutes les révoltes postérieures eurent pour but de la maintenir contre les mauvais vouloirs de Louis et de Judith. Elles échouèrent par suite de l'attachement personnel des Germains pour Louis.

« Le grand résultat du règne de Louis le Débonnaire fut la formation des nationalités modernes sur les ruines du grand empire Carlovingien. Ce résultat ne fut acheté qu'au prix des calamités les plus grandes pour toute l'Europe Occidentale. »

1. P. Chevallard (l'abbé), *saint Agobard, archevêque de Lyon, sa vie et ses écrits*, Lyon, 1869, in-8°, 441 p.

Avant l'ouvrage de Chevallard, il faut mentionner :

1° Une petite thèse latine de 105 pages, « *De Agobardi archiepiscopi Lugdunensis vita et operibus* », par Antoine Macé, Paris 1846. L'auteur rend hommage aux vertus d'Agobard, mais, suivant l'opinion traditionnelle, en fait un criminel politique ;

2° Une thèse alelmande : O. Leist, « *Bischof Agobard von Lyon* », Stendal 1867.

Postérieurement à Chevallard, signalons un petit volume publié à Leipzig, en 1888 et dont l'objet plus limité que celui de Chevallard est précisément celui qui nous occupe : l'activité politico-ecclésiastique de l'archevêque Agobard, de Lyon, *Die politisch-kirchliche Wirksamkeit des Erzbischofs Agobard von Lyon*, par J.-F. Marcks, Leipzig, G. Fock 1883, in-4°, 43 pages. Malheureusement c'est une de ces monographies allemandes dont le titre promet plus que l'ouvrage ne tient. Cf. compte rendu par Paul Fournier dans *Bibl. Ec. Chartes*, 1890, t. LI, p. 694.

Il faut en dire autant de la thèse de Josef Leonardi : *Agobard von Lyon und seine politische Publizistik*, inaugural Dissertation zur Erlangung der Doktorwürde, Münster 1927, 61 pages. Le ch. III est seul imprimé *in extenso*. On y trouve une simple analyse des écrits suivants:

1° De Privilegio et jure Sacerdotii ; 2° Adversus legem Gundobadi ; 3° Liber de divinis Sententiis digestus ; 4° Ad Matfredum epistola ; 5° De dispensatione ecclesiasticarum rerum ; 6° Flebilis epistola ; 7° De comparatione regiminis ecclesiastici et politici ; 8° Les deux écrits compris sous le titre « Apologeticus ».

Autres travaux, cf. Ulysse Chevalier, *Répertoire des sources historiques du Moyen âge*, I, 74.

rait y relever des erreurs. Mais dans ses parties essentielles, l'ouvrage est solide, bâti sur les textes. Il reste, à notre avis, la meilleure étude d'ensemble que l'on ait encore sur la vie et l'œuvre d'Agobard.

Avec tous ses mérites, ce travail, il faut l'avouer, n'a pas rallié tous les suffrages.

Constatons cependant que, dans l'ensemble, un changement considérable s'est accompli au cours des trois siècles écoulés depuis l'édition de Papire Masson. L'effort des historiens se traduit en d'incontestables progrès. Les faits sont serrés de beaucoup plus près et saisis dans ce qu'ils ont d'original. Du même coup, les jugements tendent à devenir plus objectifs. Ce souci est très apparent dans l'*Histoire de France* de Lavisse [1]. Mais quelque chose demeure toujours de la vieille réprobation [2]. Nous en trouvons encore l'expression dans la plus récente de ces histoires générales auxquelles, dans ce chapitre, nous tenons à nous référer, l'*Histoire de la Nation française*, entreprise sous la direction de M. Gabriel Hanotaux [3].

Voici comment M. Imbart de la Tour, auteur du volume qui nous intéresse, présente les événements.

« Tout un parti s'était formé qu'unissait une passion commune : la haine des favoris, un même cri de ralliement : l'unité de l'Empire... Mais sous cette formule vague un Wala, un Agobard, les chefs religieux qui l'inspiraient, poursuivaient un idéal

1. LAVISSE, *Histoire de France*, Paris, 1911, t. II, p. 365. Art. de KLEINCLAUSZ. A peine Louis le Pieux y est-il qualifié de « malheureux prince » expression de pitié à l'égard d'un faible plutôt que de blâme à l'égard de ses adversaires. Les griefs de ceux-ci sont présentés en bref, mais dans leur véritable ampleur : « ...Ebbon et Agobard, se faisant accusateurs publics reprochèrent à Louis le Pieux d'avoir tellement avili l'héritage du grand Charles que l'empire, jadis si étendu, uni et pacifié, était « devenu un sujet de tristesse pour ses amis, de dérision pour ses ennemis ».

2. *Dict. Théol. Cath. art. Agobard*, par J.-B. MARTIN, 1903. « Les cinq traités historiques qui se rapportent à la déposition de Louis le Débonnaire pèseront toujours sur la mémoire d'Agobard. On ne peut s'expliquer comment il eut le triste courage de coopérer à l'exil de son bienfaiteur. L'Empereur Louis, grand de caractère et de cœur, n'en voulut d'ailleurs pas longtemps à Agobard puisqu'il lui restitua son siège épiscopal. »

Dict. d'Hist. et de Géogr. Ecclés. (1912), art. Agobard, par M. BESSON (Mgr l'évêque de Lausanne). « Il semble moins facile d'excuser Agobard de son attitude à l'égard de Louis le Pieux, son bienfaiteur, etc... »

Louis était le bienfaiteur d'Ebbon. Nous n'avons pas vu qu'il ait jamais accordé à Agobard ces faveurs exceptionnelles qui donnent droit au titre de bienfaiteur.

Dictionn. de Biographie Française, Dir. J. BALTEAU, Letouzey, 1931, en cours de publication, art. Agobard, par AUDIN.

« Agobard... fut un des principaux artisans de la déposition de Louis le Débonnaire ; il déploya à Compiègne un zèle déplorable et alla, dit-on, jusqu'à publier une apologie des fils révoltés du souverain et des évêques qui les soutenaient » (*dit-on* est assez singulier, il est hors de doute qu'il l'a fait).

3. *Histoire de la Nation Française*, publiée sous la direction de GABRIEL HANOTAUX, 1922-1933, *Histoire Politique*, t. I, par P. IMBART DE LA TOUR, membre de l'Institut.

nouveau de gouvernement... Que réclamait l'opposition ? Une Eglise libre. Dans le « libelle » qui résume son programme, Wala écrira : « Que le Roi se contente de ses fonctions. Qu'il n'usurpe pas celles qui lui sont étrangères. » Thème que reprendront les écrivains du parti : un Jonas d'Orléans dans son *Institution Royale*, un Florus de Lyon dans son livre sur la *Liberté des élections*...

« Etait-ce bien même la liberté ? Et dans ce régime où les droits du Roi, des corporations, des individus étaient si mal définis, une liberté intégrale se pouvait-elle concevoir sans la Souveraineté ? L'Eglise affranchie de la puissance civile allait vouloir la dominer à son tour.

« Au Concile de Paris, en 829, des assertions inquiétantes avaient été proférées. Le Concile avait entendu définir la nature et les droits du pouvoir royal. Il avait rejeté le principe d'hérédité « Les Rois ne tiennent pas leur titre de leurs ancêtres mais de Dieu seul. » Le premier acte des évêques avait été de féliciter Louis et Lothaire d'avoir compris que les prêtres « jugent les Rois ».

« Par là s'affirmait hautement la suprématie du Sacerdoce. Le parti réformiste voulait bien un pouvoir unique, fort, armé pour maintenir l'ordre et faire régner la paix, à la condition d'en devenir le maître. L'Empire qu'il rêvait d'instaurer était déjà une théocratie [1] ».

Voilà la grand mot lâché : il vaut à lui seul toutes les condamnations.

Et aussi il explique tout.

« A vouloir dominer le pouvoir suprême, les chefs religieux le désarmaient. Ils firent plus : ils l'humilièrent... Agobard justifie leurs prétentions et leur attitude dans son célèbre écrit sur *la comparaison des deux gouvernements ecclésiastique et laïque*. Puis quand Louis, trahi, abandonné de tous, tombe au pouvoir de ses fils, c'est encore l'épiscopat qui, à l'assemblée de Compiègne, le juge, le soumet à une pénitence nouvelle et le dépose [2]. »

Il nous paraît impossible de tenir cette page encore fraîche d'un notable historien, pour l'expression définitive de la vérité. La question de la liberté de l'Eglise n'a pas grand'chose à voir dans le conflit entre l'Empereur et ses fils. Ce n'est pas « l'oppo-

1. Imbart de la Tour, dans *Histoire de la Nation Française. Histoire Politique*, t. I, p. 235 sqq.

Théodore Reinach dit de même : « Agobard appartient à la seconde génération de ces grands évêques formés par Charlemagne, à celle qui entre en scène sous Louis le Débonnaire et qui tout de suite cherche à profiter de la faiblesse notoire du caractère de l'Empereur et de ses embarras domestiques pour essayer de le mettre en tutelle et d'établir en Gaule une sorte de théocratie. » Th. Reinach, *Revue des études juives*, t. L, p. lxxxiv.

Voir sur l'emploi du mot Théocratie H.-X. Arquillière « *sur la formation de la théocratie pontificale* » dans : *Mélanges Ferdinant Lot*, Paris 1925.

2. Imbart de la Tour, *Ibid.*, p. 236.

sition » qui réclamait cette liberté, mais tous les évêques soucieux de réforme y compris ceux qui soutenaient la cause de Louis. Car il y en eut, — qui s'en douterait ? — et un grand nombre. Et parmi ceux-ci se trouvait Jonas d'Orléans qui fut par ses écrits, l'un des agents les plus influents de la restauration de 834 et que l'on inscrit ici dans le parti opposant. La théocratie est hors de cause. Ce n'est pas pour la faire triompher ou pour l'abattre que l'on prend les armes. Les conceptions dites théocratiques, nous préciserons en quel sens le mot est acceptable, sont également professées dans les deux camps et le gouvernement qu'il s'agissait d'établir n'aurait été ni plus, ni moins théocratique que celui qu'il s'agissait de renverser.

Nous n'insisterons pas ici sur ces réserves, très graves, essentielles, dont les chapitres suivants doivent montrer, nous l'espérons, le bien-fondé. Assurons-nous seulement de l'utilité d'une nouvelle étude en constatant qu'après tant de travaux une si grande confusion règne encore.

Le moyen sur lequel nous comptons pour faire un peu plus de clarté sera de nous attacher à l'analyse exacte des idées. On a beaucoup étudié les faits, les institutions, les mœurs, peut-être n'a-t-on pas accordé aux idées toutes l'attention qu'elles méritaient [1].

Chaque époque a les siennes ; en nombre assez limité. Elles sont les seules lumières dont disposent les hommes d'un siècle donné pour interpréter les événements dont ils sont les témoins et pour se guider au milieu des circonstances mouvantes.

Si l'on veut porter sur leur conduite un jugement équitable, ce sont ces notions-là qu'il faut connaître : celles dont ils ont fait eux-mêmes usage.

Et il faut aussi, chose peut-être plus difficile, chasser de notre esprit tout l'apport des autres siècles. Il y a une sorte d'ignorance savante, méthodique qu'il est indispensable de créer.

Il va de soi que nous nous attacherons d'abord à établir exactement les faits sans lesquels il n'y a pas d'Histoire. Nous les relaterons dans leur succession chronologique. Mais surtout, nous essayerons de restituer l'intelligence contemporaine de ces faits.

Nous n'entreprenons pas une apologie. Nous nous penchons, à notre tour, sur les pièces d'un vieux procès dont nous avons dit l'intérêt très général avec l'espoir, non pas de rallier tous les juges autour d'un nouvel arrêt mieux motivé, mais seulement d'éclairer un peu plus les considérants de tout jugement futur.

1. « Cette vie des idées, qui n'a rien de commun avec la description juxtaposée des systèmes philosophiques ou théologiques d'une série de penseurs, est un domaine d'histoire peu exploré. Il nous paraît cependant capable d'éclairer les bases mêmes de la civilisation médiévale. » H.-X. Arquillière, *L'Augustinisme politique*, Paris, 1934, p. XVIII.
Cf. du même auteur. *Le plus ancien traité de l'Eglise, Jacques de Viterbe*, Paris, 1926, p. 8.

CHAPITRE II

LES PIÈCES DU PROCÈS

I. Œuvres d'Agobard. - II. Manuscrits. - III. Editions
IV. Sources historiques

I

Œuvres d'Agobard

Les pièces du procès sont facilement accessibles. Nous n'avons pas la satisfaction de verser aux débats un seul document nouveau. Tous les textes que nous utiliserons sont non seulement connus, mais édités, et, d'une façon générale, bien édités.

L'ensemble documentaire de beaucoup le plus important est constitué par les écrits d'Agobard lui-même.

En voici la liste avec les références à Baluze, à la Patrologie Latine et aux Monumenta Germaniæ.

Nos	TITRES[1]	Baluze	P. L. t. CIV	M. G. II. Epist Karol. aevi III
1.	S. Ag. Ep. Lugdun. liber *adversum dogma Felicis Urgellensis* ad Ludovicum pium imperatorem	I. 1	col. 29	p. 153
2.	Ad eumdem imperatorem, *de insolentia judaeorum*	I. 59	» 69	p. 182-5
3.	Ep. S. Agobardi, Bernardi et Eaof episcoporum ad eumdem imperatorem, *de Judaïcis superstitionibus*	I. 66	» 77	p. 185-199
4.	Agobardi Ep. ad proceres palatii consultatio et supplicatio *de baptismo judaïcorum mancipiorum*..........	I. 98	» 99	p. 164-6
5.	Epist. S. Agob. exhortatoria *ad Nibridium* episc. Narbonensem *de cavendo convictu et societate judaïca*......	I. 102	» 107	p. 199-201

1. Les titres sont ceux de l'édition de Migne. La plupart ont été composés par Baluze d'après le Ms. 2853 de la Bibliothèque Nationale et d'après Papire Masson dont Baluze critique d'ailleurs l'excessive liberté. Cf. *Adversum dogma Felicis Urgell.*, note b, P.L. CIV, col. 30.

Nous soulignons les termes qui sont généralement retenus, par abréviation, pour désigner les traités.

Les écrits proprement politiques sont les Nos 12, 15, 18, 19, 20, 21, 22

Nos	TITRES	Baluze	P. L. t. CIV	M. G. H. Epist. Karol. aevi III
6.	Lib. ejusdem ad praefatum imperatorem *adversus legem Gundobadi* et impia certamina quae per eam geruntur...	I. 107	col. 113	p. 158-164
7.	Ad Bernardum episcopum. *De privilegio et jure sacerdotii*	I. 122	» 127	p. 203-206
8.	Item liber contra insulsam vulgi opinionem. *De grandine et tonitruis*	I. 145	» 147	
9.	Item liber *contra objectiones Fredigisi abbatis*	I. 165	» 159	p. 210-221
10.	Epistola *ad proceres Palatii Contra praeceptum impium de baptismo judaïcorum mancipiorum*..................	I. 192	» 173	p. 179-182
11.	Epistola ad Bartholomaeum episc. Narbonensem *de quorumdam inlusione signorum*..	I. 197	» 179	p. 206-210
12.	*Ad Matfredum* procerem Palatii, *deploratoria de injustitiis*.....................	I. 207	» 185	p. 201-203
13.	Epistola ad clericos et monachos Lugdunenses, *de modo regiminis Ecclesiastici*	I. 210	» 189	
14.	Liber contra eorum superstitionem qui picturis et *imaginibus sanctorum* adorationis obsequium deferendum putant....................	I. 221	» 199	
15.	Liber. *de dispensatione ecclesiasticarum rerum*..........	I. 268	» 227	p. 166-179
16.	Lib. *de divinis sententiis* digestus, cum brevissimis adnotationibus contra damnabilem opinionem putantium divini judicii veritatem igne, vel aquis, vel conflictu armorum patefieri..........	I. 301	» 249	
17.	Sermo exhortatorius ad plebem *de fidei veritate* et totius boni institutione..........	II. 5	» 267	
18.	Agobardi *flebilis epistola* de divisione imperii francorum inter filios Ludovici imperatoris....................	II. 42	» 287	p. 223-226

Nos	TITRES	Baluze	P. L. t. CIV	M. G. H. Epist. Karol. aevi III
19.	*De comparatione regiminis ecclesiastici et politici* et in quibus ecclesiae dignitas praefulgeat imperiorum majestati	II. 48	col. 291	p. 226-228
20.	*Epist. Gregorii Papae IV* ad episcopos regni Francorum ..	II. 53	» 297	p. 228-232
21.	Agobardi liber *apologeticus* pro filiis Ludovici Pii imperatoris adversus patrem	II. 61	» 307	Scrip. XV. p. 274-279
22.	Agobardi *Chartula porrecta Lothario* Augusto in synodo Compendiensi, anno 832 ...	II. 73	» 319	
23.	Agobardi epistola *ad Ebbonem* episc. *Rhemensem de* spe et timore..................	II. 76	» 323	Ep. Karol. aevi III p. 221-223
24.	Agobardi liber de *Divina psalmodia*	II. 80	» 325	
25.	Agobardi liber *de correctione Antiphonarii*	II. 85	» 329	p. 232-8
26.	Liber venerabilis Agobardi achiepiscopi Lugdunensis *contra libros quantuor Amalarii* abbatis...................	II. 101	» 339	
27.	Agobardi *Carmina*. 1° *Epitaphium Caroli Magni* imper. 2° *de Translatione* reliquiarum S. mart. Cypriani, Sperati et Pantaleonis ad urbem Lugdunensem	II. 120	» 349	Poetae Lat aevi Kar. I, p. 407 II, p. 544
	L'édition de Baluze contient en outre :			
	Epistolae Leidradi arch. Lugdunensis..............	II. 125		
	Amulonis arch. Lugdunensis epist	II. 135		
	Ejusdem opuscula.			
	Sententiae Sti Augustini ab Amulone collectae	II. 183		
	Flori Diaconi Lugdunensis liber de electionibus episcoporum	II. 254		

De cette liste il faut retrancher le traité *De divina Psalmodia* que l'on restitue à Florus [1], et sans doute l'*Epitaphium Caroli*, dont Dümmler refuse l'attribution à Agobard [2], ainsi que le *de Translatione* [3]. Il faut y ajouter un poème acrostiche, « *Agobardo pax* », que l'on tenait pour dédié à Agobard et qui paraît bien être d'Agobard lui-même [4]. L'attribution d'un poème dédié à Barnard de Vienne, « *Relatio gratiarum Barnardo episcopo pro susceptis eulogiis ab illo* », reste douteuse [5].

II

Manuscrits

Ces œuvres se trouvent dans divers manuscrits. Les principaux sont à la Bibliothèque Nationale. *La Manuscrit A*, cote 2.853, du fonds latin est de beaucoup le plus important. Il est daté dans le catalogue de 840 environ [6]. Ce serait une des toutes premières copies des œuvres d'Agobard.

Ce précieux manuscrit est celui que découvrit en 1605, Papire Masson [7]. Il contenait tout ce que l'on connaît d'Agobard en prose sauf le traité contre Amalaire [8].

1. Cf. Rupert Jud O.S.B., *Agobards theologische Stellung nach seinen Schriften*, dans « *Festgabe Alois Knöpfler gewidmet* », München 1907, p. 126. Voir Mönchenmeier, *Amalar von Metz*, Munster, 1893, p. 60 et Kirchengesch. Studien, de Knopfler, Schrors et Sdralek, I, 3 et 4.

2. *Poet. Lat. Aev. Karol*, I, p. 407.

3. Edité parmi les œuvres de Florus, *Poet. Lat. Aev. Karol*, II, p. 544. Proemium.

4. Manitius, *Geschichte der lateinischen Literatur des Mittelalters*, I, p. 386. l'attribue pour des raisons d'orthographe à un espagnol qui l'aurait dédiée à Agobard pendant le temps de sa déposition. On trouve ce poème dans le Ms. de Paris 4841. Edit. Duemmler, M.-G., *Poet. Lat.*, II, 118. Améliorations de Traube, *Ibid*, 722. Cf. la nouvelle édition critique de Traube dans *Karolingische Dichtungen*, Berlin, 1888, p. 152-155, où pour la première fois les vers sont attribués à Agobard.

5. Ce poème se trouve dans le Ms. 2832 du fonds latin de la Bibliothèque Nationale. Ce catalogue l'attribue à Agobard mais d'une manière dubitative, « tu opinor ».

6. Duemmler le date aussi du IXe siècle. Ce Ms n'est pas décrit dans Hauréau.

7. Les écrits d'Agobard étaient perdus depuis le Moyen âge. Papire Masson raconte avec esprit à la fin de sa préface comment il découvrit le Ms. A :

« Habeto ergo sancta et illustris Lucdunensis Ecclesia... mihi gratiam et civica corona ob servatum civem me donato ; nam cum apud vos in vico Mercium libros quaererem, ...et apud compactorem librorum versaremur ejus rei causa, illeque Agobardi codicem in membranis perscriptum veteribus notis, dilaniare paratus esset, cultrumque ad eam carnificinam manu teneret, vitam illi redemimus, quod felix faustumque fuit. »

8. Chevallard, *Op. cit.*, p. 374, s'inquiète de ce que, en 1846, M. Macé

En fort parchemin, composé de 250 feuillets, mesurant 15 × 23, il forme un volume généralement très lisible et bien conservé. Deux ou trois déchirures atteignent le texte. La marge extérieure d'un certain nombre de feuillets est percée de trous, comme si ces feuillets avaient été reliés à l'envers, le livre s'ouvrant de gauche à droite et non de droite à gauche [1].

Les ouvrages qui précèdent les œuvres politiques (N° 18 à 22) semblent tous d'une même main ; belle écriture très régulière. Au contraire, les pages qui nous intéressent principalement ici, paraissent avoir été plus négligées. Les tranches de la même écriture sont assez courtes (on trouve jusqu'à 3 écritures en deux pages). La lettre attribuée à Grégoire IV est particulièrement peu soignée, les diverses écritures y sont irrégulières, les lignes plus ou moins droites, les distractions et les corrections nombreuses [2], etc...

Le Ms. B., 2.832 contient parmi les écrits de divers auteurs, le poème « de Translatione reliquiarum S. Mart. Cypriani, Sperati et Pantaleonis ad urbem Lugdunensem » [3], et un autre poème dont l'attribution, nous l'avons vu, est douteuse « Relatio gratiarum Barnardo episcopo pro susceptis eulogiis ab illo » [4].

Le catalogue date également ce Ms. du IXᵉ siècle [5].

Le Ms.C., cote 1.745, contient parmi les œuvres de divers auteurs l'opuscule intitulé « Agobardi, Lugdunensis episcopi, epistola de correctione Antiphonarii » avec des lacunes.

Ce Ms. paraît être du Xᵉ siècle.

avait déclaré ne plus trouver dans ce Ms. le traité sur la correction de l'antiphonaire ni la lettre de Grégoire IV qui s'y trouvaient jadis puisque Papire Masson les a édités. Qu'on se rassure, ces pièces y sont toujours. L'observation de Macé est simplement inexacte. Chevallard n'aurait-il donc pas vu le manuscrit ?

1. A la première page inscription : « Ex libris Papirii Massonis », de la main de JACQUES AUGUSTE DE THOU. Autre inscription, de la main de JEAN-BAPTISTE MASSON : « Haec Agobardi opera M.S. a Papirio Massono in lucem edita, ad majorem illius editionis fidem bibliothecae regiae dono dedi, ego Joan. Bapt. Massonus, regis eleemosynarius, Papirii frater, XVI julii anno salutis MDCXVIII.

2. Voici la répartition, dans ce Ms., des écrits qui nous intéressent particulièrement.

1° Flebilis episgola f. 187-190. Belle majuscule initiale et, dans la marge, en encre plus foncée : Agobardus.

2° De Comparatione regiminis..., f. 190-192v. Belle majuscule initiale.

3° Epistola Gregorii papae, f. 192v-197. Séparation très nette de ce qui précède et majuscule initiale.

4° Liber Apologeticus, f. 197-206. Même observation. A noter, f. 200, une ligne sautée et une majuscule au mot « Sicut veritas » qui correspond au début du ch. VII de l'édition de Baluze.

5° Chartula porrecta Lothario, f. 206-108.

3. Le *de Translatione* se trouve aussi dans le ms. lat. 1647 A, avec la vie de Cyprien par Pontius. Les BOLLANDISTES retirent le *de Translatione* à Agobard et l'attribuent à Florus. Cf. *supra*, p. 26.

4. Cf. *supra*, p. 26, note 3.

5. Ces dates ont été adoptées par les M.G.H.

Le Ms. D., cote 2.315, contient aussi, mais avec des lacunes, plus nombreuses encore le « de correctione antiphonarii ».

Il paraît être du XIIe siècle.

Le Ms. E., cote 4.841, contient après des textes d'Isidore le poème acrostiche, « Agobardo pax ».

Il paraît être du IXe siècle.

A la Bibliothèque de l'Arsenal, *le Ms. F.*, cote 717 (55. J.L.) contient une lettre d'Amolon à Thibault évêque de Langres, publiée par Baluze [1] et la lettre d'Agobard à Barthélémi, évêque de Narbonne, « De quorumdam inlusione signorum » [2]. L'écriture de ce manuscrit est du Xe siècle.

A la Bibliothèque de Lyon, un manuscrit du XIIe siècle, *Ms, G.*, cote N° 618 (ex 535) contient au folio 189 le « de privilegio et jure sacerdotii » et au folio 199 le traité « contra quatuor libros Amalarii ».

Ce manuscrit constituait probablement le *codex Marnaesianus* dont parle Baluze dans sa préface [3] et qu'il a utilisé pour son édition, en outre du Ms. A., codex Regius, seul connu de Papire Masson. Le « de privilegio et jure sacerdotii » se trouvait déjà dans le Ms. A. et a été édité par Papire Masson ; mais le traité contre Amalaire n'y figurait pas et Baluze en a été le premier éditeur.

Quelques manuscrits semblent avoir disparu.

Dom Martène et Dom Durand [4] ont vu au monastère de Taloire, près d'Annecy, un vieil antiphonaire manuscrit à la fin duquel était copié le traité d'Agobard à l'usage des chantres de Lyon.

Ce Ms. est peut-être le 1745 (C) ou le 2315 (D) de la Bibliothèque Nationale.

Deux manuscrits d'Agobard se trouvaient au XIIe siècle à Cluny [5], l'un des deux est peut-être le 2.853 (A) de Paris [6].

Un manuscrit de Rome mérite une attention toute spéciale. Il ne contient pas d'œuvres d'Agobard, mais il porte, dans ses

1. *S. Agobardi opera.* 1666, II, p. 135.
2. *Ibid.*, p. 197.
3. BALUZE, préface *P.L.*, col. 12. Ce *codex Marnésianus* provenait du monastère de Bonneval au diocèse de Vienne. Baluze déclare avoir fait rendre le manuscrit au prêteur PIERRE MARNÈS, sénateur de Grenoble et chanoine de Vienne.
4. *Voy. Litt.*, 1re partie, p. 244.
5. MANITIUS, *Neues Archiv.*, 32-671.
6. MANITIUS, *Gesch. d. Lat. Liter. des Mittelalt.*, 1-389, signale un autre Ms. : *Leid. civ.* 111 (S. XI-XII). Il n'existe pas de *Codex Leid civ.* 111. C'est une distraction de Manitius, étonnante chez un érudit si exact. La Bibliothèque municipale de Leyde, annexée aux Archives, n'a pas de manuscrits, et l'on cherche vainement dans le catalogue de l'Université de Leyde un ms. correspondant à celui dont il est ici question. Il s'agit en réalité du ms. G signalé ci-dessus. DÜMMLER *(Mon. Germ. Hist. Epist. Œvi. Carol.*, II, p. 151), est très précis : « Codex bibliothecae civitatis *lugdunensis* 111, etc... » Signalons pour mémoire un Ms. du XVIIe (Dijon, Ms. 108) contenant le « contra quatuor libros Amalarii abbatis » avec une « diatribe » du P. Jo. FERRANDI, S.J. Ce Ms. provient de la Bibliothèque des Jésuites de Dijon.

marges, des annotations qui seraient de la main d'Agobard et qui permettraient de préciser les dates essentielles de sa vie.

C'est Mabillon qui découvrit ce manuscrit à la Bibliothèque Vallicelliane, où il est encore sous la cote E.26 [1].

Il s'agit, dit-il, d'un manuscrit de Bède sur le cycle lunaire et les 7 âges du monde, précédé d'un bref martyrologe, qui a appartenu autrefois à la Bibliothèque de Lyon. Après l'incendie qui détruisit partiellement cette bibliothèque en 1664, le manuscrit fut acheté par un religieux de l'ordre des Célestins et transporté par lui à Rome [2].

On trouve au cycle Pascal des notes marginales « qui doivent sans aucun doute, dit Mabillon, être entendues d'Agobard ».

Voici la transcription et le sens de ces notes d'après Mabillon [3].

DCCLXXVIIII. Hoc anno natus sum, 779 cette année je suis né.

DCCLXXXII. Hoc anno ab Hispaniis in Galliam Narbonensem veni, 782. Cette année je suis venu d'Espagne dans la Gaule Narbonnaise.

DCCXCII. Hoc anno Lugdunum a Gothis primum, 792. Cette année, pour la première fois, je suis venu de chez les Goths à Lyon.

DCCCIV. Benedictionem indignus suscepi, 804. Quoiqu'indigne, j'ai reçu la bénédiction.

DCCCXVI. Iste cathedra potitur anno octavo, 816. Celui-ci prend possession de la chaire, la huitième année.

DCCCXL. Hoc anno Sanctae memoriae Agobardus Lugdunensis episcopus obiit VIII. id. junii. Ludovichus quoque imperator defunctus est XII Kal. julii : et memorabile atque insigne opus quod Forum vetus vocabatur Lugduni corruit ipso die intrantis autumni quod steterat a tempore Trajani per annos fera DCC, 840. Cette année, Agobard, évêque de Lyon de sainte mémoire, est mort le 8 des ides de juin, et l'Empereur Louis est décédé aussi le 12 des calendes de juillet, etc...

1. On trouve au f. 30 sqq, les notes suivantes :
« S. Bedae Presbyt. Calendarium de cyclis. de sex aetatibus mundi. Catalogus Roman. Pontif. a. S. Petro. ad. Adrianum. I. De ponderibus et. mensuris Breviarium. Temporum opus Pascale.
« Codex ereptus e bibliotheca Lugdunensi combusta ab hereticis emtus a P.D. Joanne de Bosco ord. celestinorum, et Bibliothecae Vallicellanae addictus, quem Joannes Mabillonius Monachus Benedictinus e congne S. Mauri vir longe eruditissimus plurimi fecit. Codex X Saeculi. »

2. Mabillon *Iter Italicum*, Paris 1687, t. I., p. 68.

3. Chevallard, *op. cit.*, p. 370 n'a pas commis moins de 3 erreurs dans sa copie de Mabillon, laquelle est elle-même, nous allons le voir, fautive. De plus, la traduction qu'il en donne est tendancieuse « Benedictio » ne signifie pas nécessairement « consécration ».

DCCCXLI. Amolo, praefati episcopi diaconus ordinatus episcopus Lugduno XVII Kal. Februari. — 841. Amolon, diacre du susdit évêque, a été ordonné évêque de Lyon le 17 des calendes de février.

La transcription faite par Mabillon que nous avons donnée parce qu'elle a servi de base à un grand nombre d'historiens n'est malheureusement pas exacte. En nous reportant au Ms. nous avons fait les constatations suivantes :

1° La date de la naissance n'est pas 779, mais bien et sans aucun doute possible 769 [1].

2° A la note de 769, Mabillon ajoute un mot : *sum*. Il y a simplement : *hoc anno natus*, il n'est donc pas nécessaire que celui dont la naissance est ici mentionnée, soit celui qui tient la plume.

3° A l'année 816, Mabillon transcrit *anno* où il y a *mense*. Cette note très effacée est d'une lecture difficile, mais le mot mense est précisément un de ceux sur lesquels il n'y a place pour aucun doute.

4° A cette même note, il faut lire *isto* et non *iste*. Les mots *cathedra* et *potitur* sont douteux : on pourrait lire *cathedram* et *ponunt*. Le sens de cette correction que nous présentons, sans l'adopter nous-mêmes, nous paraît peu satisfaisant. Nous l'indiquons en toute objectivité. Peut-être suggèrera-t-elle une idée intéressante à un interprète plus avisé.

La plupart de ces corrections ont été faites par Pertz [2]. Mais le texte qu'il donne est un amalgame de sa propre lecture et de celle de Mabillon. A l'année 816, par exemple, il ajoute au mot *mense* qu'il a lu, le mot *anno* qu'il trouve dans Mabillon et qui ne correspond plus à rien dans le manuscrit. Ailleurs, il corrige Mabillon d'une manière qui ne nous paraît pas justifiée, par exemple, lorsqu'il écrit « Agobardus » au lieu de « a Gothis » à l'année 792. Des caractères italiques et des notes ne permettent pas de distinguer facilement ce qui est de Mabillon, ce qui est de lui, ni finalement ce qui est du manuscrit.

Aussi croyons-nous devoir transcrire en regard l'une de l'autre les trois leçons : celle de Mabillon, celle de Pertz et celle que nous proposons.

1. La correction a déjà été faite par Pertz. On a voulu cependant la contester.

M. Grelewski, « *La Réaction contre les Ordalies en France depuis le IXe siècle jusqu'au décret de Gratien* », Strasbourg, 1924, p. 96, écrit « nous préférons la date de Mabillon, parce que, au moment où il fut utilisé par G. Pertz, le Ms. était déjà assez détérioré pour rendre moins pure la datation. » En réalité, la disposition matérielle du Ms. ne permet aucune erreur sur l'année. M. Grelewski ne l'a certainement pas vu. Les années sont disposées en colonnes les unes au-dessous des autres en série continue. De la sorte, quand bien même les chiffres seraient effacés, ce qui au surplus n'est pas le cas, on pourrait les rétablir sans aucun risque d'erreur.

2. Pertz. *M.G.H. Script.*, t. I, p. 110.

MABILLON	PERTZ	LECTURE PROPOSÉE
DCCLXXVIIII. Hoc anno natus sum.	769. Hoc anno natus sum.	769. Hoc anno natus.
DCCLXXXII. Hoc anno ab Hispaniis in Galliam Narbonensem veni.	782. Hoc anno ab Hispaniis in Galliam Narbonensum veni.	782. Hoc anno ab Hispaniis in Galliam Narbonensem veni.
DCCXCII. Hoc anno Lugdunum a Gothis primum.	792. Hoc anno Lugdunum Agobardus primum.	792. Hoc anno Lugdunum a Gotia primum.
DCCCIV. Benedictionem indignus suscepi.	804. Benedictionem indignus suscepi.	804. Benedictionem indignus suscepi.
DCCCXVI. Iste cathedra potitur anno octavo.	816. Isto anno cathedra potitur mense octavo.	816. Isto cathedra potitur mense octavo.
DCCCXL. Hoc anno Sanctae memoriae Agobardus Lugdunensis episcopus obiit VIII id. junii. Ludovichus quoque imperator defunctus est XII kal. julii : et memorabile atque insigne opus quod Forum vetus vocabatur Lugduni corruit ipso die intrantis autumni, quod steterat a tempore Trajani per annos fere DCC.	840. Eclypsis solis accidit in diebus Laetaniarum III nonas maias, IIII feria, circa horam diei octawam, et permansit fere hora dimedia, adeo obscura ut stellae in coelo clarissime apparerent. Hoc anno sancte memoriae Agobardus Lugdunensis episcopus obiit VIII id. jun ; Ludowichus quoque imperator defunctus est XII kal. jul. et memorabile atque insigne opus quod Forum vetus vocabatur Lugduni corruit ipso die intrantis autumni, quod steterat a tempore Traiani per annos fere DCC.	840. Comme Pertz [1].
DCCCXLI. Amolo, praefati episcopi diaconus ordinatus episcopus Lugduno XVII kal. februarii.	841. Amolo praefati episcopi diaconus ordinatus episcopus L u d d u n i XVII kal. febr. Et lacrimabile bellum inter filios imperatoris Ludovici haud procul ab urbe Autisiodorensiumin quo christianus utrimque populus mutua se caede prostravit VII kal. jul.	

1. Toute la fin de l'inscription dans PERTZ est exactement transcrite sauf deux variantes d'orthographe insignifiantes : Ludduni pour Lugduni, Autisiodorensium pour Antissiodorentium.

Le texte de ces notes ainsi établi, il reste à savoir s'il faut, comme le dit Mabillon, les entendre d'Agobard.

On en a douté et pour une raison très apparente, trop apparente même, c'est que la mort d'Agobard y est relatée ainsi que l'ordination de son successeur. Cette difficulté n'avait certainement pas échappé au savant Bénédictin. Dom Ceillier la tient cependant pour décisive contre l'interprétation de Mabillon : « on croit donc avec plus de vraisemblance, conclut-il, que cette note regarde Florus, diacre de Lyon, qu'il l'écrivit lui-même à la marge du martyrologe de Bède dont il avait hérité d'Agobard, auquel il était extrêmement attaché et, qu'après avoir marqué en première personne ce qui le regardait, il y ajouta l'année de la mort d'Agobard et celle de l'ordination d'Amolon [1]. » L'explication est acceptable, en effet.

Cependant, il reste une solution des plus simples : c'est que les premières notes soient de la main d'Agobard et que Florus, ou tout autre, ayant hérité du manuscrit, les ait complétées. Il aurait mentionné d'abord la mort d'Agobard, l'élection de son successeur, puis, prenant goût au métier d'annaliste, il aurait inscrit dans ces marges qui s'offraient à lui comme un calendrier, quelques autres événements notables.

Cette hypothèse est rendue plausible par l'examen attentif du manuscrit.

On peut y distinguer quatre écritures différentes, toutes d'ailleurs de la même famille Wisigothique.

1° La première note, hoc anno natus, paraît être d'une autre main que les suivantes.

2° Les inscriptions de 782, 792, 804, 816 sont de la même main. L'écriture en est très ferme, très lisible, moulée et ordonnée comme par un bon copiste [2]. Les difficultés de lecture tiennent à l'effacement des caractères en certains endroits non pas à leur confusion.

3° La note de 840, sur l'éclipse et sur la mort d'Agobard est d'une troisième écriture, beaucoup plus petite que la précédente, moins régulière, d'aspect un peu confus. Elle est cependant lisible, grâce à la séparation nette des caractères.

De la même écriture est encore la première partie de la note de 841 qui mentionne l'ordination d'Amolon.

1. Dom Ceillier, *Hist. Gen. d'Antiq. Sacr. et eccles*, (1752) t. XII, ch XXXVII, p. 365.

2. Agobard à l'Ecole de Lyon avait certainement appris à copier. Le R.-P. de Colonia rapporte que, au moment où il écrivait son *Histoire littéraire de Lyon*, en 1730, la Bibliothèque du collège possédait un Ms. des Evangiles du IXe siècle qu'on tenait pour une œuvre de la main d'Agobard. On y lisait la dédicace suivante :

LIBER EVANGELIORUM OBLATUS
AD ALTARE SCI STEPHANI
EX VOTO AGOBARDI EPI
SIT UTENTI GRATIA
LARGITORI VENIA
FRAUDANTI ANATHEMA.

4° A partir de « et lacrimabile bellum » la note de 841 est d'une quatrième écriture qui se rapproche du type N° 2.

Au total, il reste donc possible de rapporter à Agobard toutes les indications fournies par ces notes. La plupart, celles de 782 à 816 seraient de sa main. La première, bien qu'elle soit vraisemblablement d'une autre main pourrait être entendue de lui puisque, nous l'avons vu, l'annotateur n'a pas employé la première personne : « Hoc anno natus. »

On pourrait attribuer à Florus soit la note de 840 et la première partie de la note de 841, soit la 2e partie de celle-ci.

III

Editions

Grâce à Dieu, ce manuscrit est le seul qui requière tant de précautions critiques. Tous les autres ont été édités de façon très suffisante ou même parfaite.

La première édition des œuvres d'Agobard [1], celle de Papire Masson était très fautive ; Baluze l'a dit dans sa préface, avec une satisfaction dont il se défend de son mieux [2]. Papire avait ajouté à son édition du texte une vie d'Agobard et une analyse de ses œuvres, auxquelles on ne peut pas davantage se fier [3].

1. *Sancti Agobardi episcopi ecclesiae Lugdunensis opera.* Quae octingentos annos in tenebris delituerant. Nunc e PAPIRII MASSONI jurisconsulti Bibliotheca proferuntur. Accesserunt binae epistolae Leidradi, non antea excusae — Parisiis — Excudebat Dionysius Duvallius, sub Pegaso, in vico Bellovaco. M.DC.V. cum privilegio regis. »

Cette édition est aujourd'hui assez rare.

2. « Nunc vero in principio hujus praefationis lubet deplorare meam sortem quod iterum de viro clarissimo (Papire Masson) conqueri cogor et id quidem acrius ac vehementius quam factum est in praefatione ad Lupum

« Nam si quis unquam scriptor habitus est indiligenter, id profecto contigit Agobardo cum certum sit *nullam ferme lineam esse in editione Massoni ; qui primus illum edidit, quae non aliquid diversum habeat a veteri codice quo Massonus utebatur.* » Préface, p. 1.

3. L'édition de PAPIRE MASSON figure au *Catalogue de l'Index* avec la mention « donec corrigatur ». Cf. édition 1929, p. 6. La condamnation est du 26 août 1605, l'année même de l'édition.

Ce n'est évidemment pas la correction matérielle de l'édition qui est en cause. On pourrait donc supposer que la condamnation vise principalement cette « brève synopse » où Papire paraît soutenir des opinions gallicanes : « Episcopum Romanum, vocandum *Papam*, *Fratrem*, non autem *Patrem* neque *Pontificem*... Imperialem majestatem plus posse in administranda Ecclesia quam pontificiam... Privandum Episcopum consortio et honore qui potius Pontifici, quam ecclesiae gallicanae Concilio obedierit. » (Synopsis. De comparatione.)

Mais il est probable que la condamnation porte, non pas seulement sur l'édition, mais sur l'œuvre même d'Agobard. Cf. *infra*, p. 74, n. 1.

La deuxième édition est celle de Baluze, chez Muguet, Paris, 1666, 2 vol. in-8. Elle est faite d'après le même manuscrit A [1] complété par le manuscrit G. Elle n'est pas seulement plus complète que celle de Papire Masson, elle est infiniment plus exacte. Nous avons vérifié sur le manuscrit les textes qui nous intéressaient. Les variantes sont rares et insignifiantes. Plusieurs sont des corrections volontaires de Baluze. Il nous a expliqué lui-même qu'il s'était permis de faire diverses améliorations que le sens du texte lui paraissait exiger [2]. Nulle part nous n'avons vu qu'il ait abusé de cette inquiétante permission. Il a, par contre, enrichi son édition de notes intéressantes et solides.

L'édition de Baluze est fondamentale. Les modifications que les éditions subséquentes y ont apporté sont relativement légères. Une seule amélioration importante restait à faire : distinguer deux ouvrages dans l'ensemble, compris, depuis Baluze, sous le titre « liber Apologeticus ».

Baluze avait eu le mérite, avec Pierre de Marca, de distinguer trois ouvrages dans le long texte édité par Papire Masson sous le titre de « Comparatione utriusque regiminis » [3] : d'abord le « de

1. Baluze, préface, p. 2.

2. « Praeterea admonendus es, lector, non adeo scrupulosum fuisse me in hac editione, ut non interdum *auctorem hunc nostrum emendaverim ex ingenio*, ubi occasio tulit id est ubi turbata videbatur Agobardi sententia in veteri codice emendatioque facilis et obvia erat. Quos errores cum librarii esse viderem, non vero Agobardi, optimum factu putavi si tollerem, nec puto quemquam, cui mens sana sit, aegre laturum. Quamquam si emendatio quaepiam sic tentata videretur alicujus momenti, non dissimulavi emendationem esse meam, ne quem heic deciperet vetusti codicis auctoritas. Praecipue vero hanc regulam constanter ac summa fide servavi in libris editis in causa discidii inter Ludovicum Pium imperatorem filiosque ejus. »

3. « Liber iste in aliis editionibus, praeter istam *Agobardi ad Ludovicum imperatorem epistolam*, complectabatur etiam *Epistola Gregorii IV ad episcopos regni Francorum*, et *Librum apologeticum* pro filiis jusdem Ludovici. Verum et res ipsa et vetusti codicis auctoritas suaserunt ut haec tria distingueremus. Nam certum est epistolam ad Ludovicum scriptam terminari in his verbis « Hujus rei nisus merita vestra appropinquare faciat apostolicis meritis ». Tum sequi debuit, sed non in eodem libro, epistola seu verius fragmentum epistolæ Gregorii IV ad epicopos partis Ludovici : quae vel ob hoc ipsum in eodem fasciculo alligari non debuit quod nulla illius mentio exstet in epistola ad Ludovicum. Liber demum apologeticus procul dubio ab utraque epistola disjungi debuit. Nam nihil aliud est quam liber in publicum emissus ac per omnes ubique provincias, ut patet, vulgatus, ad probandum justas fuisse causas quibus moti Lotharius fratresque ejus arma adversus patrem moverunt : id quod nos hodie Gallica lingua vocaremus « *Un Manifeste* ». Et, quod jugulum petit, tres illae lucubrationes disjunctae sunt ac divisae in codice regio ; incipiuntque omnes a majuscula littera, ut solent initia librorum. Verum quia posteriores Agobardi lucubrationes nullum titulum habent in veteri codice, amanuensis, ad cujus fidem prodiit editio massonica, putavit haec conjungi debere. Caeterum, istius quoque libelli titulus nullus erat in veteri codice. Itaque retinuimus eum quem Massonus fecit... » Baluze, *De comparatione*, note a.

Nous avons relevé ci-dessus (p. 33, n. 2, 4°) une disposition graphique du ms. Paris 2.853 qu'il est surprenant que Baluze ait négligée. Elle l'aurait orienté vers la critique interne du texte et la distinction d'un quatrième ouvrage

Comparatione » proprement dit ; puis la lettre de Grégoire IV ; et enfin un ouvrage de polémique pour lequel il a composé le titre que l'on retrouve depuis dans toutes les éditions : « Apologeticus pro filiis Ludovici pii imperatoris » [1]. Mais sous ce titre, Baluze donne lui-même, comme formant un seul texte en XIII chapitres, les deux écrits dont nous parlons. Le premier va du chapitre Ier au chapitre VI de l'édition de Baluze, le second, du chapitre VII à la fin.

Le premier est antérieur aux événements de Lügenfeld, le deuxième postérieur. Nous inspirant d'une note de Baluze, nous appellerons le premier « Manifeste » et nous réserverons pour le deuxième le titre traditionnel d' « Apologie ».

Voici les principales raisons de distinguer ces deux ouvrages. Elles sont tellement apparentes que l'on s'étonne qu'elles aient échappé aux regards de lecteurs attentifs.

1° Dans la première partie, on trouve une allusion claire à la concentration au Lügenfeld, considérée comme un fait actuel.

2° Dans les six premiers chapitres, Agobard donne toujours à Louis le Pieux le titre d'Empereur, sans restriction (ce qu'il ne fera pas dans la deuxième partie). Louis n'a donc pas encore succombé au Lügenfeld.

3° Dans ces mêmes chapitres, Agobard exhorte à une solution pacifique. Elle n'est donc pas intervenue.

4° Le chapitre VII forme un excellent préambule à un nouvel écrit.

5° Le chapitre VIII reprend le récit des faits déjà rapportés au chapitre II, ce qui ne se concevrait pas dans un même écrit.

6° Dans cette 2e partie, l'Empereur est constamment traité en souverain déchu, ce qui suppose accomplis les événements du Lügenfeld.

7° De même le fait qu'Agobard rend grâce à Dieu de ce que les troubles aient été apaisés sans qu'on en vint aux armes [2].

1. « Huic libro, nullus est titulus in veteri codice. Itaque istum facere placuit. Est enim revera *Apologeticus* pro Lothario fratribusque ejus adversus Ludovicum pium. » Baluze, *P.L.*, t. CIV, col. 307, note a.

2. Nous nous sommes aperçus que Simson avait découvert avant nous qu'il fallait, dans le *Liber Apologeticus*, distinguer deux écrits. Les raisons qu'il en donne sont à peu près les nôtres. (*Jahrb. d. fränk. Reichs unt. Ludwig d. Fr.*, I Excurs. VIII, p. 397). Les *Monumenta* lui attribuent la primeur de cette découverte : « Huc usque sub titulo Apologetici pro filiis Ludovici erant conjuncta, nuper vero V. C.B. Simson duas secernandas esse partes docuit, alteram vere vel aestate, alteram autumno a. 833 scriptam. » (Le texte de la première pièce, « audite nunc... », p. 275-276, celui de la deuxième, « sicut veritas... », p. 276-279.) Mais Simson s'est à son tour, aperçu (*op. cit.*, I, p. 397 et II, p. 67, n° 2) que Leibniz avait déjà fait la découverte avant lui. (*Ann. imp.* I, 423 ; cf. pp. 422 et 426) : « Hanc partem apologetici... (Ia pars) scriptam manifestum est rebus adhuc libratis : caetera adjecta sunt cum, deserto imperatore a suis, pax videretur. Nam et priora de causis malorum in sequentibus repetuntur ut quasi novus libellus appareat. »

Pour les *M. G.* (XV, 274) Waitz a composé la suscription suivante : « Ago-

Ces remarques ne laissent place à aucun doute.

En outre, des deux éditions particulières que nous venons de signaler, les œuvres d'Agobard ont été publiées, au moins partiellement, dans toutes les grandes collections : La Magna et la Maxima Bibliotheca veterum Patrum de Margarin de la Bigne [1], le Recueil des Historiens des Gaules de dom Bouquet [2], la Bibliotheca Veterum Patrum de Galland [3], les Monumenta Germaniæ [4], la Patrologie latine de Migne [5]. On trouve dans les Acta Sanctorum le poème sur la Translation des reliques des Martyrs [6], dans Mansi, l'Epistola episcoporum ad Ludovicum imperatorum et le Libellus Agobardi [7].

Il n'existe pas de traduction française des œuvres d'Agobard. Chevallard au cours de son ouvrage en a traduit de larges extraits avec parfois un peu plus de liberté qu'il ne l'avoue [8].

bardi arch. Lugd. libri *duo* pro filiis et contra Judith uxorem Ludovici Pii. » La distinction des deux écrits est donc admise. Cela n'empêche pas les historiens et Simson lui-même à l'occasion (p. ex. : *op. cit.* II, 49, n. 4 ; 54, n. 2 ; 55, n. 5), de traiter encore le tout comme un seul ouvrage.

1. La collection MARGARIN DE LA BIGNE, porte les titres suivants : *Bibliotheca* Veterum Patrum, Paris 1575, plus un volume d'appendices, 1579, Paris 1589, Paris 1624.

Magna Bibliotheca Veterum Patrum, Cologne 1618-1622, Paris 1644-1648, Paris 1654.

Maxima Bibliotheca Veterum Patrum, Lyon 1677. Dans cette dernière édition, les œuvres d'Agobard se trouvent t. XIV, pp. 234-329. Dom Ceillier fait observer que la Bibliothèque des Pères à Paris et à Cologne a suivi l'édition de Papire Masson, tandis qu'à Lyon elle a suivi celle de Baluze, *op. cit.* t. XII, p. 378. Indications sur les éditions de divers fragments, *ibid.*

2. *Recueil des Historiens des Gaules et de France*, DOM BOUQUET, Paris 1738-1752. Réédition Léopold Delisle, 1867-1871, t. VI, pp. 356-368.

3. *Bibliotheca Veterum Patrum*, Venise 1788 (2e éd.), t. XIII, pp. 405-512. La 1re édition est : Venise 1765-1781 ; il y a des éditions à Paris et à Lyon, moins complètes.

4. Le principal se trouve dans l'édition des lettres par DUEMMLER : *M.G. H. Epist. aevi Karol.*, t. III, pp. 150-239. Le *Liber Apologeticus* a été réimprimé par WAITZ, *M.G. Script.*, t. XV, pp. 274-279 ; la « Cartula de poenitentia ab imperatore acta », par BORETIUS, *M.G. Cap. reg. francorum*, t. II, pp. 56-57 ; le poème acrostiche par DUEMMLER, *M.G. Poet. Lat.*, t. II, p. 118.

5. *Patrologie Latine*, t. CIV, pp. 8-352. MIGNE suit l'édition de Baluze.

6. La première édition des *Acta sanctorum*, julii, t. IV, Antverpiae 1725, p. 211, reproduit le poème sur la Translation des reliques des martyrs, d'après BALUZE et LE COINTE.

7. *Sacrorum conciliorum niva et amplissima collectio*, ed. J.-D. MANSI. Venetiis 1769, t. XIV, col. 592-605. Epistola episcoporum ad Ludovicum imperatorem (819), col. 652-3. Libellus Agobardi (833).

8. « Pour nos traductions, dit-il, nous avons visé moins à l'élégance qu'à une reproduction aussi exacte que possible de notre auteur. » CHEVALLARD, *Op. cit.*, préface.

IV

Sources Historiques

En dehors des œuvres d'Agobard, les sources où l'on peut puiser quelques renseignements ne sont ni très nombreuses, ni très abondantes. Signalons en premier lieu, toutes celles qui présentent les meilleures garanties d'impartialité. Ce sont les actes des conciles et les capitulaires ou rescrits impériaux. Plusieurs de ces textes sont très importants [1]. Ce sont accessoirement des chartes et des diplômes, des annales de monastères, des chroniques, des martyrologes [2]. Cette deuxième catégorie de documents est, en ce qui nous concerne, sans grand intérêt. On peut y trouver en passant un recoupement, une date.

Le groupe des sources suspectes est constitué par les récits des contemporains et des témoins.

La plupart d'entre eux, Thégan, Walafrid Strabon, L'Astronome, Nithard [3], sont favorables à l'Empereur Louis le Pieux, mais ils sont tous plus ou moins panégyristes officiels et leurs récits doivent être traités avec précaution. Ils écrivent après l'échec définitif d'Agobard et de son parti. Ils ne pouvaient, sans offenser le régime établi, témoigner d'une indulgence quelconque pour ceux qui avaient tenté de le renverser.

Thégan est l'auteur d'une vie de Louis le Débonnaire [4]. Il l'écrivit certainement du vivant de l'Empereur, puisqu'il ne va pas au delà de 835 et termine par des vœux de prospérité pour Louis. C'était un franc de noble famille, très orgueilleux, très passionné, très attaché à l'Empereur. L'ouvrage qu'il a composé n'est pas d'un annaliste mais d'un apologiste [5].

1. Notamment les *Actes du Concile de Paris*, la lettre impériale relative à la tenue des conciles de 829, les capitulaires d'Attigny.

2. Notamment les *Chroniques de S. Adon, de Hugues de Flavigny, de S. Bénigne de Dijon* ; les *martyrologes de Lyon et de S. Claude* ; le diplôme de 830 pour le monastère de Bèze.

3. Outre les éditions que nous indiquons plus loin, on peut consulter, pour ces auteurs, les traductions déjà anciennes de la « *Collection des Mémoires relatifs à l'Histoire de France* », par M. GUIZOT, t. III (Thegan, l'Astronome. Nithard). Paris 1824. NITHARD, *Histoire des fils de Louis le Pieux*, éditée et traduite par PH. LAUER, Paris H. Champion, 1926, in-16. (Les Classiques de l'histoire de France au moyen âge, fasc. 7.)

4. Cet ouvrage a été publié pour la première fois par PITHOU en 1588 Cf. DOM BOUQUET, *op. cit.*, t. VI, p. 73. Notice dans la préface, p. v. PERTZ. archiv. (1839) VII, 364-74 ; XI, 286. *Mon. Germ. Hist. Scr.* (1829) II, 585. *Nithardi Historiarum libri IIII.* Editio tertia post Georgium Heinricum PERTZ recognovit Ernestus MÜLLER. Hannoverae, Hahn, 1907, in-8 (Scriptores rerum germanicarum in usum scholarum).

5. Il se montre particulièrement offensé de la haute carrière que font dans

Walafrid Strabon, son ami et son éditeur [1], convient qu'il dépasse parfois la mesure. « Si dans quelques réflexions, Thégan parle avec plus d'abondance et de chaleur, comme il convient à un homme d'un cœur vif et noble, c'est, nous dit-il, qu'il n'a pu taire ce que lui inspirait sa douleur à la vue de l'indignité de certaines personnes de vile condition. Son trop d'amour pour la justice et son affection bien naturelle pour son protecteur l'Empereur très chrétien, ont encore redoublé sa douleur [2]. » Soit, mais tout cela n'incite pas à la confiance aveugle.

Walafrid Strabon (807-849), Abbé de Reichenau, est lui-même auteur d'œuvres diverses et de poèmes [3]. Nous trouvons d'intéressants renseignements dans ceux qu'il a dédiés à l'Empereur Louis, à l'Impératrice Judith ou à leurs amis.

Il était du nombre de ceux-ci, et il y paraît aux éloges qu'il décerne à Judith pour sa beauté, ses vertus, sa sagesse, ses talents. Le jeune prince Charles a, comme il convient, sa part de louanges.

Sincères ou non, ces éloges de courtisan, et, qui plus est, de poète, sont à recevoir sous toutes réserves.

« L'Astronome » est l'auteur anonyme d'une vie de Louis le Pieux [4]. Son surnom lui vient d'une phrase de son histoire, dans laquelle il dit qu'il fut l'un des deux astronomes que Louis le Pieux consulta sur la comète de 837 [5].

On ne sait rien de lui, sinon qu'il était profondément attaché à Louis, et qu'il avait été pourvu près de lui d'une charge au Palais. Son histoire est la plus complète que nous ayons sur le règne de Louis le Pieux.

On peut y relever quelques confusions chronologiques, notamment en ce qui concerne le règne de Louis en Aquitaine, et quelques erreurs, même sur des faits dont il a été le témoin. L'ensemble reste solide et du plus grand intérêt.

« Il s'est particulièrement attaché, disent les auteurs de l'Histoire Littéraire de la France, à faire connaître les vertus chrétiennes et morales de Louis et la manière dont il remplit son

l'église des hommes de basse extraction. Lui-même ne s'éleva pas au-dessus de la dignité de chorévêque de Trèves. Le principal grief qu'il fait à Ebbon c'est d'être d'origine servile. Il mourut, croit-on, en 845.

1. C'est Walafrid Strabon qui a publié et disposé dans l'ordre où nous la voyons l'*Histoire* de Thégan, comme il l'explique dans la courte préface qu'il a mise à cet ouvrage.

2. Walafrid Strabon. Préface à la *Vita Ludovici*. Dom Bouquet, t. VI, p. 73.

3. Pertz, *Mon. Germ. hist. Scr.* (1829), II, 40. *P.L.* CXIII, 9. *M.G. Hist. Poet. Lat. Carol.* (1884) II, 259-423.

4. Dom Bouquet, *op. cit.*, t. VI, p. 87.

Cet ouvrage a été publié pour la première fois en entier par Pithou en 1588.

Hist. Litt. Fr. (1740), V, 49-52 ; XI, XIX-XX. Dom Ceillier, *H. A. E.* (1752), XVIII, 649.

5. Dom Bouquet, *Op. cit.*, préface, p. vi. On ne trouve pas la phrase en question dans le plus ancien des Ms.

dessein montre qu'il était lui-même un grand homme de bien [1]. »

Soit encore. Les vertus privées de l'Empereur Louis ne sont d'ailleurs contestées par personne. Il reste que le témoignage de cet « homme de bien » est encore celui d'un ami personnel et qui est, par surcroît, un agent soldé.

Nithard [2] enfin, est l'auteur d'une « Histoire des divisions entre les fils de Louis le Pieux » [3]. Cette fois, le témoin est de qualité.

C'est un grand seigneur, par sa mère Berthe, un petit-fils de Charlemagne. Son père Angilbert, l'Homère de son temps, avait été l'un des conseillers de l'Empereur. Il mourut Abbé de S. Riquier, le 18 février 814. On retrouve dans Nithard quelque chose de cet atavisme. Ce n'est pas un simple chroniqueur, il pénètre le sens des choses. Il est de la classe des grands hommes d'Etat carolingiens, peut-être le dernier d'entre eux. Comme son père, il était apte aux plus hautes charges et il en remplit plusieurs, d'abord au service de Louis le Pieux, puis de Charles le Chauve. C'est à la prière de celui-ci qu'il entreprit son ouvrage. Il l'interrompit plusieurs fois [4], dégoûté, semble-t-il, du spectacle qu'il avait à décrire. Son premier chapitre est consacré à la révolte de Lothaire et de ses frères contre leur père.

Ce témoignage, d'un grand prix, n'est pas non plus à recevoir sans défiance. Nithard nous apprend lui-même qu'il était constamment à la suite de Charles le Chauve, qu'il partagea toutes les disgrâces de ce prince, qu'il combattit pour lui [5]. L'Histoire qu'il écrit pour plaire à son Seigneur ne peut être impartiale à l'égard de la politique qui fit toute la fortune de celui-ci. Le parti pris en faveur de Louis le Pieux, se trouve donc encore à la base des récits de Nithard.

La tendance inverse, c'est-à-dire l'hostilité à l'Empereur, est représentée par un ouvrage capital, plus riche en informations à lui seul que tous les autres ensemble, l' « Epitaphium Arsenii » de Paschase Radbert [6].

Paschase Radbert moine, puis abbé de Corbie, se trouvait du

1. *Hist. Litt. Fr.*, *loc. cit.*

2. Nithard est né avant 790. On le fait mourir vers 853 ou 859.

3. *De dissensionibus filiorum Ludovici Pii, libri IV, adannum usque* 843, *ad Carolum Calvum Francorum regem.*

Ce titre n'est pas antérieur au XIIIe siècle. L'ouvrage a été publié pour la première fois par PITHOU en 1588.

On le trouve dans DOM BOUQUET, *op. cit.*, t. VI, p. 67. Notice sur Nithard, *ibid.*, préface, p. V. Cf. t. VII, p. IV et V, MIGNE, P.L. CXVI, 36.

PERTZ, *Mon. Germ. hist. Scr.* (1829) II, 649. Script. rer. germ. (1839), V, III.

4. Les trois premiers livres furent écrits en 842, le quatrième en 843. Il s'arrête au début de cette même année.

5. Notamment dans la grande mêlée de Fontenoy.

6. *Acta Sanct. Bolland.* (1675) III, 462.

DOM BOUQUET, *R. Hist. France* (1749), VI, XVI.

PERTZ, *Mon. Germ. Hist.*, *Scr.* (1829), II, 524.

TRAUBE, *Mon. Germ. hist.*, *Poet. Lat. Aevi Carol.* (1886), III, 1, 38.

fait de cette charge un personnage de premier rang. Il était en réputation de science et de vertu, après sa mort, il fut honoré comme saint.

Il succédait à la tête de la célèbre Abbaye, à Wala, qu'il traite en toute circonstance, comme le maître de son esprit. C'est pour justifier la conduite de ce maître, très activement mêlé aux luttes contre l'Empereur Louis, que Paschase Radbert entreprit d'écrire sa vie sous le titre « d'Epitaphe d'Arsène ». Titre singulier, dicté, croit-on, par la prudence. Arsène c'est Wala. Dans le récit les autres personnages sont pareillement affublés de noms d'emprunt, tout en restant reconnaissables, ce qui rend assez vaine la précaution du travesti. Les événements auxquels se rapportent les écrits d'Agobard se retrouvent tout au long dans cet ouvrage.

En tout état de cause on se serait défié des historiens officiels. Les récits de Paschase Radbert nous montrent qu'on ne s'en serait pas défié assez. Il éclaire singulièrement les vraies causes des désordres et de la révolte que les autres maudissent sans l'expliquer : les faiblesses de l'Empereur, les hontes de la cour, l'arbitraire du gouvernement.

Chez lui aussi, il y a un parti pris : venger la mémoire de Wala. Son témoignage reste néanmoins très utile pour l'intelligence des écrits d'Agobard, auxquels il apporte une confirmation et des compléments du plus grand intérêt.

Au total, et quelles qu'en soient les tendances, ces diverses informations sur la personne d'Agobard, sur son temps, sur les événements auxquels il se trouva mêlé, se complètent et se contrôlent mutuellement, beaucoup plus qu'elles ne se contredisent. On ne s'affranchit pas si aisément de la vérité. Les mensonges positifs sont rares, les témoins pèchent plus volontiers par omission. Cela suffit d'ailleurs à modifier notablement le caractère des événements qu'ils rapportent, mais ce que l'un cache, l'autre le dit et le récit devient complet.

Ce qui varie de l'un à l'autre, c'est le ton, la tendance, la présentation des faits ; les faits eux-mêmes, les intentions réelles des personnages se dégagent assez bien pour qu'il soit possible, nous semble-t-il, de formuler un jugement très objectif.

C'est du moins ce que nous voudrions tenter.

CHAPITRE III

L'ÉPISCOPAT A LYON

I. Les Origines - II. L'accession à l'Épiscopat - III. L'Œuvre littéraire dans son ensemble

I

Les Origines

On ne connaît pas de façon certaine les origines d'Agobard. Papire Masson le déclare gaulois [1]. Baluze rapporte cette opinion, mais ajoute qu'elle n'est pas solidement établie [2]; sans tenir compte de cette réserve, de bons auteurs ont donné pour certain qu'Agobard était gaulois. Plusieurs sont allés plus loin, précisant qu'il était né dans la Gaule Belgique, qu'il était né à Trèves [3]. De telles affirmations ne paraissent reposer sur rien de solide.

Mabillon, suivi par la plupart des historiens, le fait naître en Espagne [4], opinion que nous suivrons à notre tour sans en oublier toutefois le caractère conjectural. Elle se fonde sur un seul texte, le manuscrit de Bède, dont nous avons montré combien l'interprétation restait délicate.

Quant à la date nous nous séparerons de Mabillon pour adopter, conformément à la leçon que nous avons établie, l'année 769 au lieu de l'année 779 qu'il propose et que donnent encore, d'après lui, plusieurs historiens [5].

Agobard serait donc né en Espagne, en 769. A l'âge de 13 ans,

1. Papire Masson, préface, p. a, 3. « Agobardus, patria *Gallus*, Leidradi Norici doctique viri successor fuit in Episcopatu Lugdunensi. »

2. Baluze, Liber adversum dogma Felicis Urgellencis, note a, « Patria Gallum fuisse aiunt quanquam *id non satis constat* ».

3. Le P. de Colonia écrit : *Hist. Litter. de la Ville de Lyon*, t. II, p. 125 sqq. : « il était né dans la Gaule Belgique et dans le diocèse de Trèves qui en fait partie. C'était dans ces mêmes climats qu'était né Leydrade, son prédécesseur et ce fut là la première origine de leur étroite liaison. »

Le Bréviaire de Lyon (édit. 1844), « Agobardus in Gallia Belgica ortum duxit ».

4. Mabillon, *Itin. ital.*, sect. XIV, p. 68.

5. Gallandius, *Biblioth. vet. Patrum. Notitia Historica in S. Agobardum.* « Fuit ille *natione Gallus* et ortus est anno 779 ut a Mabillonio docemur. Mox Hispaniam petiit unde digressus anno 783 in Narbonensem Galliam delatus est. » Il est à remarquer que Galland suit Mabillon pour la date, mais conserve pour lieu de naissance la Gaule.

L'erreur est passée un peu partout et nous la retrouvons encore dans les articles du *Dict. de Théol. Cath.* (1903), du *Dict. de Biographie française* (1931) en cours de publication, du *Dict. d'Hist. et de Géogr. Eccl.* (1912), etc...

il aurait émigré à la suite de l'abbé Atala [1] qui avait obtenu de Charlemagne l'autorisation de s'établir en Narbonnaise. Agobard serait resté dix ans dans cette province.

Peut-être serait-il possible de rattacher à son origine espagnole certains traits de son caractère, certaines tendances de sa pensée. Peut-être aussi n'est-il pas indifférent qu'il ait passé ces années décisives de la jeunesse dans une des régions les plus civilisées de l'empire, dans ce midi gallo-romain qui s'étendait de la Provence à l'Aquitaine, et où se conservait, plus pure que dans les autres provinces, toute l'ancienne culture.

En 792, Agobard vint à Lyon [2] ; il avait vingt-trois ans. Lyon était alors une des plus illustres cités du Royaume franc [3]. Un glorieux passé la parait de toute sorte de prestiges ; elle avait relativement peu souffert des invasions germaniques et, sous les rois Burgondes, elle avait fait figure de capitale. Les choses de l'esprit y étaient restées en honneur.

Une catastrophe avait interrompu cette brillante destinée. En 732, les Sarrazins venant d'Espagne remontèrent la vallée du Rhône, assiégèrent la ville, la prirent et, par deux fois, la dévastèrent sauvagement. Les Eglises et les monastères furent pillés, les monuments incendiés. L'Evêque, Fulcoalde, le 39e successeur de Pothin disparut dans le désastre ; les habitants émigrèrent en grand nombre et la nuit s'étendit pour 20 ans sur les ruines de la grande cité. Pendant ces 20 années, Lyon ne marque plus aucune trace dans l'Histoire : Lyon n'est plus.

Charles Martel avait chassé l'envahisseur, mais sans relever la cité. C'est en 754, 15 ans seulement avant la naissance d'Agobard, qu'elle paraît reprendre vie. Le Pape Etienne II et Pépin le Bref se rendant en Italie, traversent la ville et lui donnent un évêque, Maubert auquel succéda, en 769, Ado [4].

1. MABILLON, *Annales ord. S. Benedict.*, Lib. XXV, p. 251. « Atala conditor et primus abbas fuit monasterii S. Polycarpi ad Rivum Grandem (Rieugrand) in finibus Septimaniae, dioecesi Narbonensi. Legimus Caroli Magni hac re litteras in quibus testatur *quod Atala venerabilis abbas et Agobardus de partibus Spaniae venientes* cum servis et libertis... ad suam celsitudinem confugissent, rogassetque... abbas imperialem clementiam ut in Septimaniae confinio ea quae de eremo trahere et excolere posset aut emere, habere ac possidere sibi liceret. » Il en est question dans THEODULF. Carmina II, 6, P.L. CV, 312. Cf. *Bollandistes, Acta S.S.* juin I, 619 (édit. 1867).

MANITIUS observe que l'Espagne du VIII et IXe siècle ne manquait pas d'esprits puissants et originaux, il cite Félix d'Urgel, Theodulfe et Claudius de Turin. (*Gesch. der Lat. Liter. d. Mittelalt.*, I, p. 380.

2. « 792. Hoc anno Lugdunum a Gotia primum. » Ms. de Bède. KLEINCLAUSZ, *Op. cit.*, p. 268, n° 3, interprète à tort, croyons-nous, la note en question qu'il lit « hoc anno Lugdunum Agobardus primum » : « Agobard était chorévêque de Leydrade depuis 792. »

3. Sur l'importance du siège de Lyon. Cf. Mgr DUCHESNE, *Origine du culte chrétien*, p. 91.

4. La *Series episcoporum* par P. BONFACIUS GAMS, O.S.B. Ratisbonne 1873, donne la chronologie suivante :

717 – Fulcoalde + vers 744.

Ces deux épiscopats, d'ailleurs obscurs, et qui s'étendent sur près d'un demi-siècle, paraissent avoir été consacrés au travail d'une patiente et laborieuse restauration [1]. Ainsi se préparait l'avènement en 798 de Leydrade, le grand évêque, celui qui devait rendre à l'Eglise de Lyon son antique splendeur, celui dont la cité reconnaissante honorerait la mémoire comme d'un second fondateur. Il allait exercer sur la destinée d'Agobard une influence décisive.

Leydrade appartenait à la classe des grands serviteurs de l'Empire. Né en Norique [2] il avait fait carrière d'abord auprès d'Arnon, évêque de Salzbourg, puis au palais impérial où il avait rempli la charge de bibliothécaire.

A travers les rares documents qui nous le font connaître, il apparaît comme un homme d'une vertu respectée, fort entendu aux affaires administratives et politiques [3], grand par le caractère, la science et la sagesse.

Bien qu'il ait laissé peu d'écrits, il était certainement un des hommes les plus cultivés de son temps, en relations amicales avec Alcuin [4], l'âme de la renaissance carolingienne. Mais, pour lui, comme pour toute la haute aristocratie de fonctionnaires et d'hommes d'Eglise à laquelle il appartenait, la culture des belles lettres n'était qu'un complément à l'exercice des grands emplois publics.

Nous le voyons plusieurs fois investi par la confiance de Charlemagne des hautes fonctions de Missus. Peu de temps avant sa nomination à Lyon, il est envoyé dans l'ancienne Narbonnaise en compagnie de l'évêque d'Orléans, Théodulfe, son ami, qui nous a laissé de cette « mission » un récit en vers latins [5]. En 798,

754 – Maubertus (Madalbert.) + date inconnue.
769 – Ado (Aso) + vers 798.
Hilduin (design. tantum).
798 – Leydradus res. 814, + 28. XII. 816.

1. Theodulfe dans son poème sur la Mission en Narbonnaise dont nous parlons plus loin écrit « jam, Lugdune, tuis celsis post terga relictis moenibus, aggredimur causa quod optat iter... »

S'il faut voir dans l'expression du poète autre chose qu'une élégance de style, Lyon aurait dès cette époque relevé ses murs.

2. « Noricus hunc genuit ». Theodulfe. *Loc. cit.* Cf. *Adonis Chronic.* M.G. S.S., II, 320.

3. « Vir saeculari dignitati intentissimus et honori reipublicae utilis. » *Adon. Chron.* M.G. S.S., II, 320. « C'est un homme plein de science, d'une prudence consommée, d'une vertu abondante. Pour lui, la vie présente sera un acheminement vers la vie du ciel. » Theodulfe, trad. Chevallard.

4. Nous avons une lettre d'amitié, un peu recherchée, d'Alcuin à Leydrade, évêque élu de Lyon.

5. Il n'est pas possible, contrairement à ce que l'on a quelquefois conjecturé (ita Chevallard, dont toute la biographie est remplie d'ailleurs d'inexactitudes), que Leydrade ait amené Agobard de Narbonnaise, lors de la mission qu'il y remplit. Cette mission est un peu antérieure à sa nomination à l'évêché de Lyon, soit à 798. Or, Agobard, d'après la note marginale du ms. de Bède, était à Lyon depuis 792.

Leydrade est élevé par l'Empereur au siège de Lyon. A cette date, Agobard a vingt-neuf ans, il vit à Lyon depuis déjà dix années.

En 799, à peine installé, le nouvel évêque doit encore, sur l'ordre de Charlemagne, se rendre en Espagne auprès de Félix d'Urgel, que nous retrouverons aux prises avec Agobard, pour le convaincre de ses erreurs. Leydrade réussit, du moins en apparence, et ramène Félix à Aix-la-Chapelle où a lieu l'abjuration solennelle. Avant de regagner Lyon, l'évêque accompagné du pénitent dont Charlemagne lui a confié la garde, fait un crochet sur Tours pour y revoir Alcuin.

L'année suivante, nouvelle mission en Espagne. Il s'agissait encore de convertir des hérétiques et le succès paraît avoir été complet puisque, dès cette date, l'adoptianisme disparaît d'Espagne [1].

Dans sa ville épiscopale, Leydrade ne fut ni moins actif, ni moins heureux. Il a tracé lui-même une esquisse de son œuvre dans une lettre qu'il écrivit vers la fin de sa vie, à Charlemagne [2].

On y trouve une peinture de l'Eglise de Lyon au temps de la jeunesse cléricale et sacerdotale d'Agobard, on y voit en même temps, quelles sortes de charges allaient bientôt incomber à la sollicitude pastorale de celui-ci.

« Vous avez daigné jadis, destiner au gouvernement de l'Eglise de Lyon, moi, le plus infime de vos serviteurs, incapable et indigne de cette charge. Mais comme vous traitez les hommes bien moins selon leur mérite que selon votre bonté accoutumée, vous en avez agi avec moi comme il a plu à votre inexprimable piété. Et, sans aucun titre de ma part, vous avez bien voulu me charger d'avoir à prendre soin de cette Eglise et à faire en sorte qu'à l'avenir, les abus qui y avaient été commis fussent réformés et évités.

« Il manquait beaucoup de choses, extérieures et intérieures, à cette Eglise, tant en ce qui concerne les Saints offices que pour les édifices et les autres besoins ecclésiastiques. Ecoutez donc ce que moi, votre très humble serviteur, j'y ai fait depuis mon arrivée avec l'aide de Dieu et le vôtre. Le Seigneur tout puissant qui voit les consciences, m'est témoin que je ne vous expose pas ces choses pour en tirer aucun profit et que je n'ai point arrangé et ne vous dis point ceci pour que cela me procure quelque nouvel avantage, mais parce que je m'attends chaque jour à sortir de cette vie et qu'à cause de mes infirmités, je me crois très près de la mort. Je vous dis ces choses afin que parvenues à vos oreilles

1. Un bref récit de cette expédition se trouve dans une lettre d'Alcuin à Arnon, évêque de Salzbourg et ancien maître de Leydrade. Alcuin signale plus de vingt mille convertis, évêques, prêtres, moines et peuple, hommes et femmes.

2. Epistola prima ad Carolum Magnum Imperatorem. MIGNE, P.L., t. XCIX, p. 871.

bénignes et pesées avec indulgence, si vous jugez qu'elles ont été faites convenablement et selon votre volonté, elles ne soient pas, après ma mort, exposées à languir et périr. Lorsque j'ai, suivant votre ordre, pris possession de cette église, j'agis de tout mon pouvoir selon la forme de ma petitesse pour amener les offices ecclésiastiques au point où, grâce à Dieu, ils sont à peu près arrivés. Il a plu à votre piété d'accorder à ma demande la restitution des revenus qui appartenaient autrefois à l'Eglise de Lyon ; au moyen de quoi, avec la grâce de Dieu et la vôtre, on a établi dans ladite Eglise une psalmodie où l'on suit, autant que nous l'avons pu, le rite du Sacré Palais en tout ce que comporte l'office divin. J'ai des écoles de chantres dont plusieurs sont déjà assez instruits pour pouvoir en instruire d'autres. En outre, j'ai des écoles de lecteurs qui, non seulement s'acquittent de leurs fonctions dans les offices, mais qui, par la méditation des livres saints s'assurent les fruits de l'intelligence des choses spirituelles. Quelques-uns peuvent expliquer le sens spirituel des Evangiles, plusieurs ont l'intelligence des prophéties, d'autres des livres de Salomon, des psaumes et même de Job. J'ai fait aussi tout ce que j'ai pu dans cette Eglise pour la copie des livres. J'ai procuré également des vêtements aux prêtres et ce qui était nécessaire pour le culte. Je n'ai rien omis de ce qui était en mon pouvoir pour la restauration des Eglises. Si bien que j'ai fait recouvrir de nouveau la grande Eglise de cette ville dédiée à saint Jean-Baptiste ; et que j'ai reconstruit de nouveau une portion des murs. J'ai réparé aussi le toit de l'Eglise Saint-Etienne ; j'ai rebâti de nouveau l'Eglise de Saint-Nizier et celle de Sainte-Marie. Sans compter les monastères et les maisons épiscopales dont il y a une en particulier qui était presque détruite et que j'ai réparée et recouverte. J'en ai construit aussi une autre avec une plate-forme en haut et que j'ai doublée ; c'est pour vous que je l'ai préparée afin que, si vous venez dans ces régions, vous puissiez y être reçu. J'ai construit pour les clercs un cloître dans lequel ils habitent maintenant, tous réunis en un seul édifice. J'ai réparé encore dans ce diocèse d'autres Eglises dont l'une dédiée à sainte Eulalie et où se trouvait un monastère de filles dédié à saint Georges ; je l'ai fait recouvrir et reprendre dans les fondements une partie des murailles. Une autre maison en l'honneur de saint Paul a été aussi recouverte. J'ai réparé depuis les fondements, l'Eglise et la maison d'un monastère de filles consacré à saint Pierre où repose le corps de saint Annemond, martyr et fondé par ce saint évêque lui-même. Trente-deux vierges du Seigneur y vivent actuellement sous une règle monastique. J'ai réparé aussi en renouvelant les toits et une partie des murailles, le monastère royal de l'Ile-Barbe. Quatre-vingt-dix moines y vivent maintenant sous une discipline régulière. Nous avons donné à son abbé le pouvoir de lier et de délier comme l'avaient eu ses prédécesseurs Ambroise, Maximien, Licinius, hommes illustres qui avaient gouverné ce lieu et que Eucher, Loup, Genest et les autres évêques de Lyon lorsqu'ils étaient absents ou ne pouvaient le faire en personne, envoyaient pour s'enquérir si la foi catholique était crue avec sincérité et si la fraude hérétique ne pullulait pas. Les abbés étaient même chargés si l'Eglise de Lyon était veuve de son chef, de lui servir en toutes choses de guides et de consolateurs jusqu'à ce qu'elle fut avec la grâce de Dieu pourvue d'un digne pasteur. Nous avons donné également cette puissance à leurs successeurs. Sur toutes choses, nous avons ordonné que les décrets des anciens Rois de France fussent exécutés afin que, comme par eux il a été statué sur les achats et agrandissements, ces moines possèdent à jamais sans contestation tout ce qu'ils ont à présent et ce que, avec la grâce de Dieu, ils pourront acquérir un jour [1]. »

Dans ce vivant tableau dressé par lui-même de son activité, Leydrade nous apparaît d'abord sous les traits du bon administrateur, très attentif au temporel.

On voit toute l'importance qu'il attache aux bâtiments, à la récupération des biens d'Eglise spoliés. Mais tout cela est destiné à soutenir et à promouvoir l'esprit. La construction d'un cloître lui permet de réunir tous ses clercs dans une seule demeure, la restauration et la dotation de monastères d'hommes et de femmes, d'y établir la régularité. Surtout la restitution de ses revenus lui donne le moyen de réaliser les grandes réformes liturgiques, chants, psalmodies, offices et d'entretenir une école de lecteurs et de copistes qui reste la plus intéressante de ses œuvres.

Sous l'impulsion de Leydrade, Lyon redevient ce qu'il était avant l'invasion Sarrazine, un foyer de haute culture. L'étude des livres Saints constitue l'objet principal, mais non pas unique, des travaux de l'Ecole ; à cette époque, la science de l'Ecriture qui était essentiellement la théologie récapitulait tout le savoir humain y compris même la poésie [2]. On voit avec quelle complaisance Leydrade souligne la profondeur et l'étendue exceptionnelle du savoir de ses élèves. Ceux-ci étaient choisis avec soin. Parvenus aux hautes charges, ils portaient au loin la renommée de l' « alma mater» et publiaient les noms des maîtres illustres. Aussi le prestige et l'influence de cette école deviennent-ils peu à peu considérables [3].

1. Trad. Guizot, *Collection des Mémoires relatifs à l'Hist. de France*, Paris, 1824.

2. Florus, le plus illustre maître de l'Ecole a abondamment cultivé la poésie. Les quelques pièces de vers laissées par Agobard attestent tout au moins qu'il avait été, lui aussi, exercé à la métrique.

3. L'élan donné par Leydrade est si vigoureux que l'on voit à Lyon se prolonger longtemps la renaissance carolingienne quand partout ailleurs elle n'est plus qu'un souvenir ; dans l'obscurité du xe siècle, l'école de Lyon brille encore.

Sous Rémy, 2e successeur d'Agobard, saint Adon, futur évêque de Vienne,

II

L'accession à l'Episcopat

C'est probablement par ses succès dans cette Ecole de Lyon à laquelle toute son œuvre fait tant d'honneur, qu'Agobard attira les regards de son Evêque [1].

Toujours est-il qu'à une date et dans des conditions difficiles à préciser, celui-ci l'associa au gouvernement de son Eglise.

Le texte de la chronique de saint Adon qui nous renseigne sur ce point n'a pas toute la précision désirable ; il est de plus d'une lecture douteuse.

Agobard y est qualifié soit de chorévêque de l'Eglise de Lyon, soit de coévêque ce qui est tout autre chose [2].

Nous pensons que la deuxième leçon est la bonne. Elle nous paraît supposée par les difficultés mêmes dont Adon nous fait le récit.

moine de Ferrière, s'arrête à Lyon pour s'y livrer paisiblement à l'étude.

« Ado Lugdunum pervenit ubi tunc praeerat dignae memoriae Remigius presul eximius : qui Dei famulum Adonem pie excepit. Viennensi Breviario hac in re concordat Lupus testatus Adonem discendi studio et quietis amore in Urbe Lugdunensium constitisse. » MABILL., *act. S.S. Ord. S. Bened.*, t. VI, P. L., t. CXXIII.

On lit dans la *Vie de saint Maïeul*, par saint Odilon. « Maïolus per utramque exercitatus doctrinam non timuit accedere Lugdunensem ad aram. Deinde apud hanc urbem philosophiae nutricem et matrem et quae totius Galliae, ex antiquo more et eccleciastico jure, non immerito retineret arcem, Antonium virum eruditum et prudentem, in liberalibus Studiis habere voluit praeceptorem. » S. ODILO, *de vita B. Maioli albatis libellus*, P. L., t. CXLII, p. 943.

SAINT BERNARD, au XIIe siècle fait un tableau de l'Eglise de Lyon où l'on reconnaît encore les traits que lui avaient imprimés Leydrade et Agobard. *Epist. CLXXIV, ad canonicos Lugdunenses*, P. L., t. CLXXXII, p. 333.

1. Il semble aussi que Leydrade ait accueilli avec une bienveillance spéciale les réfugiés d'Espagne. (MANITIUS, *Gesch. der Lat. Liter. d. Mittelalt.*, I, 380.)

2. Les chorévêques qui existent en Orient, dés le IVe siècle, apparaissent en Gaule au milieu du Ve siècle. Ils n'y furent jamais très nombreux. Ils n'avaient pas tous les pouvoirs épiscopaux et restaient subordonnés aux évêques résidant dans les cités. Ils ne tardèrent pas à devenir pour les évêques des auxiliaires encombrants. Le concile de Paris de 849 les supprima en principe et ils disparurent de fait à peu près partout dans le cours du Xe siècle. Cf. CHÉNON, *Hist. Gén. du droit français*, t. I, p. 313. J. WEISZAKER, *der Kampf gegen den Chorepiskopat des fränkischen Reichs im IXe jahrh.* Dom CHAMARD, *Les chorévêques dans le monde romain et dans les Gaules*, Paris 1877, p. 167-270. P. VIOLLET, *op. cit.*, t. I, p. 348-350. Dom LECLERCQ, *La législation conciliaire sur les chorévêques*, dans son édition de l'*Histoire des Conciles* d'HÉFÉLÉ, t. II, 2e part. (1908) ; p. 1221-1237 ; et l'art. chorévêque dans le *Dictionnaire d'Archéologie chrétienne*, fasc. 28, col. 1443-1452.

Au début du règne de Louis le Pieux, nous dit-il [1], Leydrade se retira dans un monastère à Soissons, le monastère de Saint-Médard dont nous aurons à parler, et avec le consentement de l'Empereur et du concile général des Gaules, Agobard, chorévêque ou coévêque, lui succéda. Mais non sans difficultés. On fit observer qu'Agobard avait été ordonné par trois évêques, ce qui est régulier, sur l'ordre de Leydrade, ce qui ne l'est plus, et pour le siège de Lyon ce qui l'est moins encore. Les canons interdisaient, en effet, qu'il y eut 2 évêques dans une même cité, et que du vivant d'un évêque son successeur fût désigné. Il est évident que ces objections ne porteraient pas si Agobard eût été simple chorévêque [2].

Notre opinion paraît confirmée par un passage du petit poème consacré par Agobard à la translation à Lyon des reliques de saint Cyprien [3].

Dans ce poème, après avoir parlé de l'excellent pontife Leydrade, modèle et honneur du clergé, qui occupe le siège paisible de Lyon [4], Agobard se nomme lui-même (pour appeler sur soi les bénédictions du bienheureux Cyprien) et s'attribue également le titre de pontife [5].

1. Adon, décédé le 16 décembre 874, après 15 ans d'épiscopat à Vienne est une très bonne source d'information en l'espèce.

« 814. Bernardus Viennensis episcopus erat, Leydradus Lugdunensis. Qui initio imperii Ludovici imperatoris Suessionis *(b)* Monasterii locum petiit, et in loco ejus Agobardus, ejusdem ecclesiae chorepiscopus *(c)* consentiente imperatore et universa Gallorum episcoporum Synodo, episcopus substitutus est ; quod quidam defendere volentes, dixerunt eumdem venerabilem Agobardum a tribus episcopis in sede Lugdunensi jubente Leidrado fuisse ordinatum : sed canonica auctoritas est, in una civitate duos episcopos (34) non esse, nec vivente episcopo successorem sibi debere eligere, ac idcirco ulla quacumque causa regula ecclesiae praeteriri in tanto ordine fixae non debent. » Pertz, *M.G.*, *S.S.*, II, 320-35.

Notes de Pertz. *b)* Successionis 5 (5 = C. Bernensis, N° 120).
c) Cocpiscopus 6 (6 = C. Parisianus, N° 5312).
34) Ea in Agobardum, qui nonnisi chorepiscopus Leidradi fuerit non cadere, Pagius ad a. 815 N° XI observat.

Cf. la Notice tirée du bréviaire de Grenoble dans Mabillon, *Acta S.S.*, 5, 585, sur les difficultés juridiques, cf. Marcks, *op. cit.*, p. 10 sq.

2. Sur la question des élections épiscopales au temps d'Agobard, voir Imbart de la Tour : *les élections épiscopales dans l'Eglise de France du* IXe au XIIe *siècles*. Lesne, *La Hiérarchie épiscopale en Gaule et en Germanie de* 742 *à* 882.

Sur la question des chorévêques :

Dom Leclercq, *Dict. d'Arch. Chrét. et de Liturgie*, III, 1423-1452.

Hefélé Leclercq, *Hist. des Conciles*, t. II 2e partie, p. 1197-1237 (édit. 1908) donne toute la législation conciliaire relative aux chorévêques.

La Bibliographie du Chorépiscopat d'Agobard est donnée par U. Chevalier dans *Regeste Dauphinois*, n° 596, 1912, I, 100.

3. *Op. cit.*, P.L., 104, p. 350.

4. « Optimus Sacerdos, Lugduni placidam tenens Cathedram ...Leidradus specimen decusque cleri... » *Loc. cit.*, 350, c.

5. « Serva pontificem pius Agobardum », *loc. cit.*, 352, a.

A la date où il écrit, il y avait donc à la fois à Lyon deux pontifes.

Quelle était cette date ? Il est possible, croyons-nous, de la préciser avec une probabilité très grande.

La translation des reliques de saint Cyprien est un fait historique, connu et daté d'une façon certaine. Des ambassadeurs, envoyés auprès de Haroun-al-Raschid par Charlemagne, s'arrêtèrent, à leur retour, sur les côtes de Tunisie où ils obtinrent sans difficulté, semble-t-il, d'emporter les précieux restes de saint Cyprien et de deux autres martyrs [1]. C'est en 807 que revint l'ambassade. Le poème qui est un écrit de circonstance, a dû être composé cette même année. En 807, Agobard aurait donc été déjà pontife.

Pouvons-nous préciser davantage encore et déterminer parmi les années qui précèdent 807 celle du Sacre ?

Nous avons relevé sur le manuscrit de Bède à l'année 804, la mention assez énigmatique : « Benedictionem indignus suscepi. » Cette formule que l'on entend généralement de l'ordination sacerdotale nous paraît mieux convenir à tous égards à la consécration épiscopale [2].

Il serait, en effet, bien surprenant que dans ces notes marginales où sont relevés les événements principaux de la vie d'Agobard, la consécration épiscopale ait été omise. Or, avant 807, la mention « Benedictionem indignus suscepi » est la seule qui puisse s'y reférer.

Les historiens ont entendu souvent de l'élévation à l'épiscopat la note de 816 : « iste cathedra potitur mense octavo [3]. » Mais cette note est postérieure à la date de la translation des reliques qui paraît fournir une base certaine et de plus, il est question non pas d'un sacre à proprement parler mais plutôt, si l'on prend les termes dans leur sens précis et obvie, d'une prise de possession du siège.

Cette interprétation littérale se trouve confirmée par une autre donnée : il est de toute vraisemblance qu'Agobard n'ait pris définitivement possession du siège de Lyon qu'après la mort de Leydrade, or 816 est très probablement l'année du décès de ce dernier [4].

1. Cf. *Chronique et martyrologe de saint Adon de Vienne*, M.G. S.S., II, 320.

2. Ceux qui ont adopté la fausse leçon du ms. de Bède et fait naître Agobard en 779 et non en 769, ont évidemment écarté l'hypothèse d'une ordination épiscopale à 25 ans. Mais au contraire, avec la leçon 769 ce qui deviendrait singulier, ce serait l'ordination sacerdotale à trente-cinq ans.

3. La date de 813 proposée par quelques-uns (*Dict. Théol. cath.* suivi, mais avec une nuance de prudence, par le *Dict. d'Hist. et Géog. Eccl.*) ne vaut rien, — pas plus que celle de 808 soutenue par CHEVALLARD, — ces chronologies paraissent établies d'après les fausses lectures « anno octavo » pour « mense octavo » et « 779 » au lieu de « 769 ». Cf. supra, p. 35 S 99.

4. GALLAND dans sa notice historique sur Agobard. *Biblioth. Vet. Patr. loc. cit.*, écrit : « anno 813 cum Leidradus sese in monasterium Suessionense contulisset, sedi Lugdunensi administrandae praefectus est quam anno inse-

L'Elévation d'Agobard à l'épiscopat semble donc pouvoir être datée avec beaucoup de probabilités de 804. Il aurait eu alors 35 ans.

Que l'on adopte ou que l'on rejette nos explications, il reste en tout cas hors de doute que Leydrade associa Agobard au gouvernement de son église et lui ouvrit les voies de l'épiscopat. C'est de lui qu'Agobard reçut ses meilleures leçons, y compris les leçons politiques. L'ancien Missus « très entendu aux affaires publiques »[1], n'a certainement pas omis cette part importante de la formation de son disciple.

Leydrade s'effaça peu à peu. Dans sa lettre à Charlemagne, il se plaint de ses infirmités croissantes. On le voit, en 811, parmi ceux qui, au Palais d'Aix-la-Chapelle souscrivent au testament de Charlemagne. La mort du grand Empereur marqua, nous l'avons vu, le moment d'une retraite définitive. Il en sortit un instant à la demande de Louis le Pieux pour régler certaines difficultés de l'Eglise de Macon. Puis, on ne trouve plus mention de lui[2].

Depuis la ratification par l'Empereur et le Concile général, en 814, Agobard gouvernait incontestablement l'Eglise de Lyon, à supposer même qu'il ait attendu la mort de Leydrade pour prendre définitivement possession du siège.

Evêque de Lyon, Agobard portait-il le titre d'archevêque[3] ? Les historiens sont unanimes à le lui décerner faute, peut-être, d'y avoir regardé d'assez près.

On sait que Charlemagne avait entrepris la Restauration des anciennes métropoles[4], et il est hors de doute que le siège de

quenti 814, tanquam propriam, Leidrado vita functo, obtinuit. » Ce qui ne paraît pas exact.

1. *Adon. Chron.*, M.G., S.S., II, 320.

2. Leydrade est inscrit au martyrologe de l'Eglise de Lyon au 5e jour des calendes de janvier (28 déc.) mais on ne sait pas de quelle année.

3. Sur la question des archevêques, voir :

Abbé Jérome, *La Question métropolitaine dans l'Eglise franke au temps de Charlemagne*, dans la Revue canonique, année 1897-1898, p. 67-81.

Mgr Lesne, *La Hiérarchie épiscopale en Gaule et en Germanie de* 742 *à* 882, Lille et Paris 1905, p. 8-82. Très bon résumé de l'usage fait jusqu'au VIIIe siècle du titre d'archevêque, II, p. 28, n° 2.

E. Chénon, « *De l'apparition du mot archiépiscopus dans les textes francs* », dans le *Bulletin de la Soc. des Antiq. de France*, année 1916, n° 150-159. Il simplifie à l'excès, nous semble-t-il, quand il écrit (*Hist. gén. du droit fr.*, t. I p. 309) : « L'évêque métropolitain prit à partir de l'an 800 le nom d'archiépiscopus, archevêque. »

4. Au début du ve siècle, l'Eglise de Gaule avait adopté les circonscriptions civiles. Sauf exceptions, à la civitas correspondit le diocèse, à la province civile la province ecclésiastique dont la métropole fut généralement celle de la province civile. Peu à peu, les privilèges des métropolitains tombent en désuétude. Ils portent d'ailleurs, comme les évêques des simples cités le titre d'évêque. Saint Boniface n'a établi d'archevêque métropolitain et de quelle façon précaire (Lesne *op,. cit.*, p. 52), qu'à Rouen, Reims et Sens (p. 44). Lui-même est longtemps archevêque sans siège et quand on lui donne Mayence, ce siège n'est pas érigé en métropole. (*Ibid.*, p. 51.)

Lyon ait été métropolitain. Mais la question est de savoir si au temps d'Agobard le titre d'archevêque était déjà, dans l'Empire Franc, nécessairement attaché à la dignité d'évêque métropolitain, comme il l'est aujourd'hui. Il est permis de penser que le titre restait encore essentiellement personnel, puisqu'il pouvait encore être décerné à de simples suffragants [1]. Ce qui est vrai c'est que l'emploi du titre se généralise à cette époque et que l'usage s'établit de le conférer à tous les métropolitains, mais ce n'est encore au début du IXe siècle qu'un commencement de coutume

Au début du règne de Charlemagne, il n'y a qu'un seul archevêque dans les pays francs, légat du siège apostolique, c'est Wilchaire de Sens, archevêque des Gaules (et non arch. de Sens) (*ibid.*, p. 56-57-58). Aucun de ceux qui siègent dans les anciennes Métropoles n'a, à cette époque, préséance sur les autres membres de l'épiscopat. (*Ibid.*, p. 60-61.)

La restauration des sièges métropolitains sous Charlemagne tient surtout à la connaissance de l'ancien droit renouvelée. En 774, le pape Hadrien envoie à Charlemagne la collection de Denys-le-Petit où il est fréquemment question de l'exercice des droits du métropolitain. (*Ibid.*, p. 62-63.) Plusieurs Evêques métropolitains, à la demande de Charlemagne, reçoivent du pape, le Pallium et le titre d'archevêque. (*Ibid.*, p. 64) ; ce sont ceux de Reims, Mayence, Bourges. Mais le métropolitain de Rouen semble n'avoir pas reçu ce titre, ce qui ne l'empêche pas d'exercer ses privilèges de métropolitain. (*Ibid.*, p. 65, note 1.)

Le synode de Francfort de 794, can. 10, nous montre un évêque de Rouen qui exerce ses privilèges de métropolitain et qui n'est cependant pas nommé « archevêque » mais bien « Metropolitanus episcopus ». « Gaerbodus... episcopolia a Magnardo metropolitano episcopo consecutus est. » BORETIUS I, 75. Dans LESNE, *op. cit.*, p. 65, nº 1.

Autre chose est donc la restauration des provinces, autre l'usage du titre d'archevêque.

1. LESNE, *op. cit.*, p. 71. « Charlemagne ne se croit pas tenu pourtant de n'installer des archevêques que dans les Métropoles. La faveur et le mérite... jouent un grand rôle dans la distribution des titres. L'Evêque d'Orléans, THEODULF, l'a reçu (le titre d'archevêque) en 801 avec le Pallium. L'Evêque de Metz Angilramne, archichapelain en 784, à la mort de Fulrad, devient, lui aussi archevêque. C'est sans doute, par le bénéfice de sa charge qu'Hildebald de Cologne, son successeur, a obtenu, dès 795, le titre d'archevêque. La dignité semble si bien attachée à l'office d'archichapelain que le même Hildebald est appelé quelquefois archevêque du Sacré Palais. Sous Louis le pieux, Drogon, évêque de Metz, sera à la fois archichapelain et archevêque. »

Il est dit « archevêque et archichapelain dans un diplôme de Louis le pieux de 839 (MÜHLBACHER, 990). Les sources romaines, la Vita Sergii (*Liber. Pont.* éd. DUCHESNE, II, 87) la lettre de Sergius II aux évêques transalpins. *Epist. Karol. Aevi.*, III, 583, l'appellent archevêque de Metz. Cf. PFISTER : l'arch. de Metz, Drogon dans : *Mélanges P. Fabre*, p. 109.

« Il semble bien cependant qu'on distingue l'évêque honoré du Pallium de l'évêque Métropolitain. La consultation adressée par Charlemagne aux archevêques des métropoles ne l'est pas à l'archevêque «ad honorem » Theodulf. L'Evêque d'Orléans quoiqu'archevêque n'en a pas moins le suffrageant du métropolitain de Sens. »

De même, au concile de Mayence, en 829, Drogon est nommé parmi les simples évêques, après les métropolitains avec les suffragants de Trèves. (*Centur. Magdebeg.*, t. IX, col. 9, 10. HEFÈLE-LECLERCQ, *op. cit.*, p. 75.)

Mgr LESNE conclut : « Tous les métropolitains sont archevêques, les archevêques ne sont pas tous métropolitains. » C'est la première de ces deux affimations qui ne nous paraît pas devoir être acceptée.

et nous ne sommes pas sûrs qu'il faille l'ériger en règle. Le fait est que nous ne voyons nulle part qu'Agobard ait reçu ou revendiqué le titre d'archevêque. Lui-même s'intitule invariablement episcopus, non seulement dans ses lettres, où l'on pourrait supposer qu'il se conforme à quelque usage de politesse ecclésiastique [1] mais dans des actes publics [2] et dans des inscriptions [3] où les formules d'humilité font généralement place à la simple exactitude. C'est aussi le titre d'Evêque que nous trouvons chez tous les témoins de l'usage contemporain [4].

Nous estimons donc qu'une question se pose. Toutefois nous ne prétendons pas la trancher. Les textes que nous allèguons, si frappants qu'ils soient par leur concordance, ne permettent pas d'affirmer absolument qu'Agobard n'ait pas eu la qualité d'Archevêque.

Il est fréquent, en effet, au IXe siècle qu'un archevêque soit dit simplement évêque. Dans la partie des Annales de saint Bertin qui est son œuvre, Hincmar, si féru de ses droits et titres dit de lui-même tantôt « Hincmarus archiepiscopus » et tantôt « Hincmarus Remorum episcopus ».

Ces deux expressions paraissent correspondre à une distinction. La dignité archiépiscopale est personnelle, comme, de nos jours, celle de Cardinal, elle est normalement [5] attachée au nom de

1. Cf. le traité qu'il écrit avec Eaof de Châlon et Barnard de Vienne : « Agobardus, Barnardus et Eaof indigni episcopi » (de judaicis superstitionibus, P.L., col. 77).

2. La Chartula porrecta Lothario P.L., col. 320. « Ego Agobardus Lugdunensis Ecclesiae indignus episcopus ». de même *sub fine*, col. 324.

3. L'inscription dedicatoire du ms. de Tertullien. « Liber oblatus ad altare Sci Stephani ex voto Agobardi epi. » (MANITIUS, *op. cit.*, p. 389.)

L'inscription dédicatoire du ms. du N.T. relevée par le P. DE COLONOA : « Liber Evangeliorum oblatus ad altare Sci Stephani ex voto Agobardi epi sit utenti gratia, etc... »

Tous les ms. Lyonnais du IXe siècle donnés par les évêques portent un *ex voto* pareil. Il y en a six de Leydrade un d'Agobard, un d'Amolon, un de Remi. Aucun ne prend le titre d'archevêque ; cf. *Catal. de la B. de Lyon* et DELISLE, *Notices et extraits des ms*, XIX, 2, p. 390 sqq et XXXV, 2, p. 831.

4. Les notes du ms, de Bède : ad an 840 « Hoc anno Sanctae memoriae Agobardus Lugdunensis episcopus obiit. VIII id. jun... », ad an 841 « Amolo praefati episcopi diaconus, ordinatus episcopus... »

Une seule fois Agobard est qualifié d'archevêque c'est dans le titre de son traité « contra libros IV Amalarii abbatis ».

Mais les titres dont la composition est tardive ne font pas partie du texte et sont sans autorité. La qualité d'abbé donné à Amalaire paraît aussi inexacte. cf. *P.L.*, col. 339, note *b*.

Dans l'Epistola generalis de Louis le Pieux (Hiver 828-29) pour la convocation des quatre grands conciles de 829. PERTZ, *Leges*, t. I, p. 329 ; MANSI XIV, col. 529), les évêques des métropoles ne sont pas qualifiés archevêques mais Métropolitains. Parmi eux se trouve Agobard.

5. Nous disons « normalement » car l'usage est mal fixé et souffre de nombreuses exceptions.

Certaines dénominations telles que, « archevêque de Metz » (siège suffragant) « archevêque du Sacré Palais », prouvent aussi qu'il n'était pas entré dans l'usage d'attacher le titre d'archevêque au Siège des Métropolitains.

l'évêque et non pas à celui de la cité. Ainsi, vis-à-vis de son clergé et de son peuple, l'archevêque est ordinairement dit évêque, lors même qu'il occupe un siège métropolitain. L'archevêque Hincmar est évêque de Reims.

Il serait donc possible qu'Agobard, tout en étant pourvu de la dignité d'archevêque, soit dit et se dise lui-même évêque de Lyon. Mais, il reste que nous n'avons aucun texte contemporain où nous lisions « Agobardus archiepiscopus » et qu'une théorie, si bien établie soit-elle, ne nous autorise pas à suppléer totalement au silence des documents.

Si l'on admet qu'Agobard n'était pas archevêque, ses difficultés avec le Palais qui commencent dès les premières années de son épiscopat, pourraient peut-être rendre compte du fait que l'on n'ait pas sollicité pour lui le Pallium [1].

En tout état de cause et à supposer qu'il l'ait reçu, l'expression « archevêque de Lyon » resterait étrangère au bon usage du temps et devrait être écartée comme teintée d'anachromisne.

Nous restituerons donc à Agobard le titre d'évêque de Lyon le seul qu'il ait pris, le seul que ses contemporains aient eu, autant que nous puissions le constater, l'habitude de lui donner.

A l'épiscopat d'Agobard, deux hommes éminents furent appelés à collaborer : Amolon et Florus.

Le premier fut pris par Agobard pour diacre, il se distingua si bien dans l'administration diocésaine, qu'il fut à la mort d'Agobard élu évêque.

Dans ses écrits, peu nombreux [2] il se montre très fidèle à l'esprit de son maître : théologie sûre, horreur des superstitions, zèle apostolique, défiance de l'influence juive sont autant de traits où l'on reconnaît Agobard.

Plus illustre encore quoique d'un degré inférieur dans la hiérarchie, Florus brilla à l'école. Nul plus que lui après les grands évêques qu'il servit, ne contribua à la renommée de l'Eglise de Lyon. Il a beaucoup écrit [3]. Sa science, son talent littéraire,

1. Le roi désigne les archevêques comme il nomme les évêques, mais c'est le pape qui institue les archevêques en leur conférant le pallium. LESNE, *op. cit.*, p. 73.

2. Amolon a peu écrit et, comme Agobard, toujours dans un but apostolique.
1° Lettre à Theobald, évêque de Langres ;
2° Lettre à Gothescalc sur la prédestination et le libre arbitre; il y combat six propositions de ce dernier ;
3° Recueil de sentences de saint Augustin sur le même sujet ;
4° Traité contre les juifs.

3. *Œuvres de Florus* :
1° Opuscule sur l'*Election des évêques*.
2° Expositio Missae.
3° 3 lettres *contre les livres liturgiques d'Amalaire*.
4° Un martyrologe.
5° Court traité sur la prédestination.
6° Réponse à une question sur le même sujet.

sinon poétique, l'incontestable supériorité de son esprit, le firent surnommer : « le Maître »[1]. En diverses circonstances, il soutint de la façon la plus efficace l'action conduite par Agobard[2].

Ces deux bons serviteurs sont inséparables de leur évêque dans les travaux, dans la peine, et dans le succès.

III

L'Œuvre Littéraire

Il n'est guère possible de présenter en suivant l'ordre chronologique un tableau complet de la carrière épiscopale d'Agobard.

Voici les principales dates connues de sa vie[3] :

769 Naissance d'Agobard ;
782 Agobard vient en Narbonnaise ;
792 Agobard vient à Lyon ;
798 Leydrade est nommé Evêque de Lyon ;
799 Mission de Leydrade auprès de Félix d'Urgel ;
804 Agobard est sacré Evêque (Benedictionem indignus suscepi) ;
807 Réception des reliques de saint Cyprien ;
814 Avènement de Louis le Pieux, retraite de Leydrade ;
816 Mort de Leydrade. Prise de possession du siège ;
821 Agobard se rend à l'Abbaye d'Aniane à l'occasion de l'élection de l'Abbé[4] ;

7° Grand ouvrage (19 ch.) contre Jean Scot.
8° 15 petits poèmes.
9° Commentaire patristique des épîtres de saint Paul.
10° Recueil (très petit) de lois et canons.
11° Une lettre ad imperatorem, une lettre ad imperatricem (d'attribution très douteuse placées par Migne à la fin de ses œuvres).

1. Un grand nombre de ms. portent « Florus magister ».
Walafrid Strabon, a adressé à Agobard une pièce de vers où il est longuement question de Florus dont le nom donne lieu à des traits d'esprit dans le goût précieux de l'époque. Traduct. dans CHEVALLARD, *op. cit.*, p. XXVIII et 367.

2. Notamment dans ses trois lettres contre Amalaire ; dans son traité sur les élections épiscopales.

3. Nous nous écartons sur plus d'un point de la chronologie déjà reçue. Cf. J.-B. MARTIN, *Dict. de Théol. Cath.*, Paris 1903, art. Agobard. On a trouvé ci-dessus et l'on trouvera dans le cours de notre ouvrage la discussion des problèmes chronologiques. Nous nous bornons ici à donner les solutions auxquelles nous nous sommes arrêtés. Signalons un essai intéressant de chronologie des écrits d'Agobard contre les juifs dans SIMSON, *Jahrbücher des frankischen Reiches unter Ludwig d. Fr.*, Leipzig, 1874, I, p. 393-396 ; et une étude sur la date du Liber Apologeticus, *ibid.*, p. 397, MANITIUS s'en inspire, *Gesch. d. Lat. Liter. d. Mittelalt.*, I, 381.

4. MABILLON, *Annal.*, t. II, p. 474.

822 Il prend part au Concile d'Attigny et assiste à la pénitence publique de l'Empereur ;
825 Agobard assiste au Concile de Paris où l'on traite de la question des images ;
829 Il préside à Lyon un Concile dont les Actes sont perdus [1] ;
830 Il souscrit à un diplôme en faveur du Monastère de Bèze [2] ;
833 Il prend part aux événements du Lüegenfeld (juin) au concile de Compiègne et à la pénitence de l'Empereur à Saint-Médard de Soissons (octobre) ;
835 L'Empereur restauré tient un Concile à Thionville où Agobard est déposé par contumace, puis un autre à Stremiacum où l'on n'ose pas lui donner de successeur ;
838 Agobard est rétabli sur son siège, il assiste probablement au Concile de Quierzy (septembre) ;
840 Mort d'Agobard, le 6 juin.

On le voit, les précisions chronologiques que l'on peut recueillir sur la vie d'Agobard sont clairsemées, et ce qui est plus grave, un grand nombre de ses écrits, témoins principaux de son activité, ne se laissent pas dater [3]. Ils resteraient donc dans une construction chronologique comme des matériaux sans emploi.

Aussi croyons-nous préférable de laisser ici les questions de dates pour adopter un ordre systématique. Ainsi présentée, l'œuvre littéraire d'Agobard nous donnera de son épiscopat une idée plus complète et plus claire.

Dans la revue rapide que nous allons en faire, nous ne mentionnerons que pour mémoire les œuvres politiques qui doivent faire l'objet, dans les chapitres suivants d'un examen particulier beaucoup plus approfondi.

Les écrits d'Agobard se laissent assez naturellement répartir en sept groupes [4] :

1. Œuvres théologiques ;
2. Œuvres liturgiques ;
3. Traités contre les superstitions ;
4. Traités contre les juifs ;
5. Œuvres pastorales ;
6. Ecrits politiques ;
7. Œuvres poétiques.

1. Mansi, *Concil.*, t. XV, append. p. 441-446 ; *P.L.*, t. XCVII, col. 592 ; t. CIV col. 13.

2. *P.L.*, t. CLXII, col. 876.

3. Une chronologie précise serait d'ailleurs de peu d'intérêt pour certains d'entre eux. D'autres méritent, au contraire, que l'on s'efforce de les dater très exactement, notamment les écrits politiques. C'est à quoi nous nous appliquerons le moment venu.

2. Il n'est pas d'historien d'Agobard qui n'ait proposé sa classification. Elles se ressemblent toutes. La plupart des écrits sont assez caractérisés pour se classer à coup sûr ; sur quelques autres, il y a flottement. On peut également augmenter le nombre des groupes. La classification que nous proposons ne s'impose pas et l'on peut en préférer une autre. Les classifica-

N° du class[t 1]	TITRES	Baluze	P. L. t. CIV
	I. *Œuvres théologiques*		
1	S. Ag. Ep. Lugdun. liber *adversum dogma Felicis Urgellensis* ad Ludovicum pium imperatorem	I. 1	col. 29
14	Liber contra eorum superstitionem qui picturis et *imaginibus sanctorum* adorationis obseqium deferendum putant	I. 221	» 199
9	Item liber *contra objectiones Fredigisi abbatis*	I. 165	» 159
	II. *Œuvres liturgiques*		
24	Agobardi liber de *Divina psalmodia*	II. 80	col. 325
25	Agobardi liber *de correctioneAntiphonarii*.	II. 85	» 329
26	Liber venerabilis Agobardi archiepiscopi Lugdunensis *contra libros quantuor Amalarii* abbatis	II. 101	» 339
	III. *Traités contre les superstitions*		
6	Lib. ejusdem ad praefatum imperatorem *Adversus legem Gundobadii* et impia certamina quae per eam geruntur	I. 107	col. 113
16	Lib. de *divinis sententiis* digestus, cum brevissimis adnotationibus contra damnabilem opinionem putantium divini judicii veritatem igne, vel aquis, vel conflictu armorum patefieri	I. 301	» 249
8	Item liber contra insulsam vulgi opinionem *De grandine et tonitruis*............	I. 145	» 147
11	Epistola ad Bartholomaeum episc. Narbonensem *de quorumdam inlusione signorum*..................................	I. 197	» 179

tions de ce genre ont d'ailleurs toujours quelque chose d'artificiel ; p. ex. Agobard traite la question des Biens de l'Eglise tantôt en canoniste, tantôt en moraliste, tantôt en politique. Le canoniste rapporte la législation ecclésiastique, le moraliste dénonce le péché et exhorte au repentir, le politique suggère une solution pratique tenant compte des nécessités de l'Etat.

Plusieurs des questions traitées par Agobard confinent particulièrement à la politique : question des biens d'Eglise, question des élections épiscopales, question juive.

On pourrait ainsi rattacher aux écrits proprement politiques :

1° Une partie de son *traité contre la Loi Gombette* sur l'unité de l'Empire et de la Loi ;

2° Des parties de ses *traités contre les juifs* qui compliquent ses relations avec le palais.

1. Cf. *Supra*, p. 30.

N° du classt	TITRES	Baluze	P. L. t, CIV
	IV. *Traités contre les juifs*		
2	Ad eumdem imperatorem, *de insolentia judaeorum*...........................	I. 59	col. 69
3	Ep. S. Agobardi, Bernardi et Eaof episcoporum ad eumdem imperatorem, *de Judaïcis superstitionibus*..................	I. 66	» 77
4	Agobardi Ep. ad proceres palatii consultatio et supplicatio *de baptismo judaïcorum mancipiorum*....................	I. 98	» 99
5	Epist. S. Agob. exhortatoria. *Ad Nibridium* episc. Narbonensem *de cavendo convictu et societate judaïca*	I. 102	» 107
10	Epistola *ad proceres Palatii contra praeceptum impium de baptismo judaïcorum mancipiorum*.........................	I. 192	» 173
	V. *Œuvres Pastorales*		
7	Ad Bernardum episcopum. *De privilegio et jure sacerdotii* (de sacerdotii dignitate)	I. 122	col. 127
13	Epistola ad clericos et monachos Lugdunenses, *de modo regiminis Ecclesiastici*................................	I. 210	» 189
17	Sermo exhortatorius *ad plebem de fidei veritate* et totius boni institutione.....	II. 5	» 267
23	Agobardi epistola *ad Ebbonem* episc. Rhemensem *de spe et timore*..............	II. 76	» 323
	VI. *Ecrits politiques*		
12	*Ad Matfredum* procerem Palatii, *deploratoria de injustitiis*....................	I. 207	» 185
15	Liber. *de dispensatione ecclesiasticarum rerum*...............................	I. 268	» 227
18	Agobardi *flebilis epistola* de divisione imperii francorum inter filios Ludovici imperatoris.............................	II. 42	» 287
19	*De comparatione regiminis ecclesiastici et politici* et in quibus ecclesiae dignitas praefulgeat imperiorum majestati...........	II. 48	» 291
20	*Epist. Gregorii Papae IV* ad episcopos regni Francorum.....................	II. 53	» 297
21	Agobardi liber *apologesticus* pro filiis Ludovici Pii imperatoris adversus patrem..	II. 61	» 307
22	Agobardi *Chartula porrecta Lothario* Augusto in synodo Compendiensi, anno 832.	II. 73	» 319

Nº du classt	TITRES	Baluze	P. L. t. CIV
	VII. *Œuvres poétiques*		
27	Agobardi *Carmina* 1º Epitaphium Caroli Magni imper. 2º de Translatione reliquiarum S. mart. Cypriani, Sperati et Pantaleonis ad urbem Lugdunensem. 3º Acrostiche « Agobardo pax »[1].	II. 120	col. 349

Ces œuvres remplissent ensemble 323 colonnes de la Patrologie latine.

L'activité littéraire d'Agobard a donc été considérable et elle présente une variété qu'on ne trouve, au même degré, chez aucun de ses contemporains.

Cependant les écrits sortis de sa plume ont tous quelque chose de commun : c'est d'être inspirés par les circonstances et de répondre à des préoccupations pratiques.

Agobard n'est pas un spéculatif, ses œuvres littéraires y compris des traités théologiques, sont essentiellement des actes.

La seule inspection de leurs titres permet même de dire qu'elles sont des batailles ; elles brandissent presque toutes un « adversus » ou un « contra ».

Réfutation des hérésies christologiques ou hagiologiques, chasse aux superstitions, lutte contre l'influence des juifs, défense des vrais principes liturgiques, enfin et surtout campagnes politiques, il s'agit toujours d'erreurs à dénoncer, d'abus à corriger, d'oppositions à réduire, de combats à livrer.

Cette allure polémique n'enlève rien, faut-il le dire, à l'intérêt de ces écrits.

1. Chevallard, *op. cit.*, p. 201 sqq. d'après M. Macé, *op. cit.*, p. 410, attribue, en outre, à Agobard un poème de 42 vers intitulé « Remerciements à Barnard, éveque, pour les Eulogies reçues de sa part ».

Ce poème se trouve dans le ms. 2832 de la B. Nationale qui contient également le poème sur la translation de saint Cyprien.

L'attribution paraît douteuse bien que ce soit celle du catalogue. Le style excessivement ampoulé et fleuri s'écarte sensiblement de la manière d'Agobard, même dans ses poèmes. L'ouvrage de pure rhétorique est sans intérêt

CHAPITRE IV

LES CONTROVERSES THÉOLOGIQUES

I. L'adoptianisme de Félix d'Urgel - II. Le culte des images - III. Les objections de Frédégise

I

L'adoptianisme de Félix d'Urgel

Le premier des écrits théologiques d'Agobard [1] est une réfutation de l'adoptianisme. Cette hérésie consistait essentiellement à dire que, Jésus-Christ en tant qu'homme n'était pas vrai fils de Dieu, mais seulement fils adoptif [2], doctrine qui détruisait finalement l'unité de la personne du Christ comme l'avait fait le Nestorianisme [3].

Sans avoir jamais eu l'importance des grandes hérésies grecques, l'adoptianisme était assez dangereux parce qu'il touchait, lui aussi, aux fondements de la foi. Il s'était répandu en Espagne, aussi bien dans la Marche que dans le pays soumis aux Maures et de là il s'infiltrait en Septimanie. On assigne pour point de départ historique à l'hérésie adoptienne, « le zèle d'Elipand à combattre les erreurs de Migetius. Celui-ci rejetant toute distinction entre le Verbe et le Christ soutenait que la seconde personne de la Sainte Trinité n'existait pas avant l'incarnation » [4].

Peut-être faudrait-il reconnaître dans l'adoptianisme une certaine influence de la pensée arabe. La théologie de l'Islam ne manquait ni de force, ni de prestige, et le pur déisme des Musulmans n'avait que mépris pour l'idée chrétienne du Dieu-Homme. Ne plus voir en Jésus qu'un homme, aussi élevé qu'on le veuille au-dessus des hommes, élu de Dieu, spécialement uni à son Verbe, aimé par Lui comme un fils, mais enfin une personne humaine, c'était un véritable glissement vers l'Islam qui d'ailleurs n'a pas refusé d'accueillir Jésus parmi ses prophètes.

Les principaux docteurs de la nouvelle hérésie étaient deux évêques espagnols, Elipand [5], évêque de Tolède et Félix, évêque

1. Ecrit aux environs de 818.

2. Cf. dans EGINHARD, an. 792, la réponse de l'évêque d'Urgel à Elipand de Tolède dans laquelle il déclare que, sous le rapport de son humanité le Christ n'est que fils adoptif de Dieu. PERTZ, *M.G.*, t. I, p. 179. *P.L.*, t. CIV. col. 441.

3. « Timens enim permixtionem Eutychetis incurrere, corruit in divisionem Nestorii. » Agobard, adv. dogm. Felicis Urgell, c. 6. *P.L.*, t. CIV, col. 29.

4. H. QUILLIET, *Dict. Théol. Cath.*, art. Adophianisme.

5. Sur Elipand de Tolède cf. F. VERNET, *Dict. Théol. Cath.*, art. Elipand.

d'Urgel [1]. Charlemagne prit vigoureusement la défense de la foi [2]. Nous avons vu [3] comment Leydrade fut un des missionnaires chargés de rétablir en Espagne l'orthodoxie et comment il ramena Félix d'Urgel à Lyon après lui avoir fait abjurer ses erreurs devant un concile réuni à Aix-la-Chapelle, en 799.

Sous le pontificat de Leydrade, Félix avait eu une première affaire avec Agobard. A Lyon même, où il était en surveillance, Félix « avait entrepris d'endoctriner quelques personnes essayant de leur faire croire que Jésus-Christ, en tant qu'homme, ne savait nullement où était le sépulcre de Lazare alors qu'il disait aux deux sœurs : « Où donc l'avez-vous déposé », qu'il ne savait pas davantage le jour du jugement, ni de quoi conféraient ensemble les deux disciples causant, sur la route, des événements de Jérusalem, ni si Pierre l'aimait plus que les autres disciples alors qu'il lui faisait la demande : « Pierre, m'aimes-tu plus que ceux-ci ? » « ...Dès que j'appris la chose, écrit Agobard, j'allai le trouver et en présence de ceux qu'il avait tâché de persuader, je l'interrogeai si vraiment tels étaient bien ses sentiments. Comme il entreprenait de m'en donner les preuves, je le repris sévèrement et lui témoignai toute mon horreur pour ce qu'il osait dire. Puis, autant que je le pus, je montrai aux assistants combien ils devaient se donner de garde de croire rien de semblable et dans quel sens il fallait entendre tous ces passages de la Sainte Ecriture. A Félix lui-même, je mis sous les yeux, pour qu'il les lût, diverses sentences des Saints Pères qui étaient tout le contraire de ses blasphèmes. Quand il en eut fait la lecture, il me promit qu'il ne négligerait rien pour s'amender entièrement. Sur cette promesse je le laissai et gardai un profond silence ne jugeant pas nécessaire de divulguer ses blasphèmes [4], ce qui, d'ailleurs n'était pas de ma fonction. »

Après le décès de Félix, en 818, l'affaire qui paraissait terminée

1. Sur Félix d'Urgel voir Notes de Baluze, *P.L.* CIV, col. 33, *a* et *b* ; P. Godet, *Dict. Théol. Cath.*, art. Félix, H. Quilliet, *ibid.*, art. adoptianisme.

2. De son côté, le pape Adrien Ier condamne, dès 785, l'adoptianisme dans une lettre doctrinale. *P.L.*, t. XCVIII, col. 373. *M.G.H.*, *Epist. Merowing. et Karol. aevi*, t. I, p. 636. A Rome, où Charlemagne a envoyé Félix après sa condamnation par le Synode de Ratisbonne (792), le pape Léon III, dans son Synode romain de 799 dit que Félix, « in vinculis » a émis une profession de foi orthodoxe. Harduin, *Acta conciliorum*, t. IV, col. 928. Cf. Denzinger, *Enchiridion*, No 253.

Le concile, réuni à Francfort en 794 par Charlemagne et qui condamne l'hérésie, fut tenu en présence des légats de la Sainte Eglise romaine. Cf Eginhard. Pertz, *M.G.*, t. I, col. 181.

Voir pour toute l'histoire de l'adoptianisme les condamnations successives, les rétractions et les rechutes de Félix d'Urgel, H. Quilliet, art. adoptianisme, dans *Dict. de Théol. Cath.*, col. 404 sqq. et H.-X. Arquillière, *L'Eglise Carolingienne*, dans la *Collection Glotz*, t. I, p. 576 sqq.

3. Cf. *Supra*, p. 52.

4. *Adv. dogma Felicis Urgell.*, P.L., t. XIV, col. 37. Trad. Chevallard, *op. cit.*, p. 32.

se rouvrit. Un écrit laissé par l'hérétique, fit voir qu'il était mort impénitent. « Autant que je le pus, dit Agobard, je censurai cet écrit comme contraire à la foi et je dis publiquement qu'elle grave censure il méritait. Plusieurs de nos frères, selon ce qui m'est revenu, plutôt par simplicité d'esprit, sans doute, que par méchanceté, en ont été blessés et ont cru que j'agissais de la sorte, non par zèle pour la vérité, mais par envie, ainsi que font d'habitude ceux qui, avides de vaine gloire, déprécient les gens de bien pour s'élever à leurs dépens... Je ne m'adresse pas aux savants, qui discernent parfaitement et sans peine ce qu'il faut admettre et ce qu'il faut rejeter... je m'adresse à mes semblables, gens auxquels il ne sera pas sans utilité, j'en suis sûr, d'examiner et de corriger soigneusement leur croyance. Admirateurs imprudents de la vie sans reproche de Félix [1], ils jugent irréprochable chacune de ses paroles, ne prenant pas garde que la foi d'un homme ne doit pas s'apprécier d'après sa vie, mais sa vie être approuvée d'après sa foi... [2]»

Félix, on le voit, ne manquait pas d'admirateurs et d'amis. Il s'agit donc pour Agobard, de rétablir la vraie doctrine afin de détromper tous ceux que Félix a séduits et empêcher qu'ils ne propagent, à leur tour, ses erreurs.

La Théologie spéculative est donc ici tout animée de zèle pastoral et d'ardeur polémique.

Le libelle de Félix d'Urgel était rédigé sous forme de questions et réponses [3].

Agobard conduit fort bien sa réfutation ; il expose d'abord la

1. Alcuin rend aussi le meilleur témoignage à la dignité de vie de Félix d'Urgel. « Viro Scilicet religiosae vitae praecipuo et sanctitate spectabili si catholicam fidem et ecclesiasticam unitatem sine qua nullus Deo placere potest amare et praedicare velit. » *Epist. ad Elipand. Tolet.*, cit. par Baluze. *P.L.*, CIV, col. 34 c.

Il y a de nombreux écrits d'Alcuin composés sur la demande de Charlemagne contre l'adoptianisme. Sa première lettre à Félix est d'une élévation et d'une charité remarquables (793) *P.L.*, t. CI, col. 119. M.G., *Epist. Karol. aevi*, t. II, p. 60.

Voir aussi son « adversus Felicis haeresim libellus ». *P.L.*, t. CI, col. 85 et ses sept livres contre Félix d'Urgel, *P.L.*, t. CI, col. 119.

2. *Adv. Felic. Urgell.*, I, P.L., CIV, col. 33, trad. Chevallard, *op. cit.*, p. 31. La formule paraît inspirée de Tertullien : « Ex personis probamus fidem, an ex fide personas. » De Praescriptione Lib. III, 1. Sur l'influence probable de Tertullien sur Agobard, cf. Manitius, *op. cit.*, p. 386 et *infra*, ch. IX.

Le plus ancien des manuscrits de Tertullien que nous possédions a précisément appartenu à Agobard. Il est connu sous le nom de codex Agobardinus. 204 feuillets, écriture onciale minuscule, sur le 2e feuillet : *Liber oblatus ad altare Sancti Stephani ex voto Agobardi Epi.* Cf. Harnaak, *Gesch. der altchrist. Litter.*, Lepsig, 1893, I, p. 668.

3. Voici quelques-unes des questions posées par Félix :

« utrum Maria Virgo, Deum et hominem, sicut pariter ita et similiter genuit, an aliter genitrix deitatis et aliter humanitatis esse credatur ? » c. 13.

« utrum Christus dominus in utraque natura similiter sit Filius Dei an dissimiliter ? » c. 16.

doctrine Nestorienne dont l'adoptianisme était une nouvelle forme [1], puis il prend, une par une, les questions et réponses de Félix et montre comment, dans chacune se retrouve l'erreur fondamentale d'une dualité de personnes en Jésus-Christ [2].

Agobard s'appuie, comme il convient, sur l'autorité des pères, témoins de la foi constante de l'Eglise, saint Cyrille d'Alexandrie, saint Augustin, saint Jérôme et plusieurs autres [3]. Les citations très abondantes qu'il en fait sont bien choisies et vont au but. Il y ajoute sa propre argumentation très déliée, très claire et parfaitement exacte. Dans des questions extrêmement délicates, il garde une correction d'expression remarquable [4].

Au total, il se montre dans cet ouvrage, véritable théologien et maître d'une christologie très sûre [5].

« Christus sicut in divinitate creditur verus et proprius filius Dei ita et in humanitate an aliter ? », c. 19.

Et voici quelques-unes de ses affirmations :

« Duobus modis Deo patri unum esse Filium », c. 21.

« Catholica fides credit quod non proprius Dei Filius qui de substantia patris genitus est et per omnia Patri similis, pro nobis traditus sit, sed homo assumptus ab eo », c. 36.

1. « Sed quiam eum, de quo sermo est corruisse diximus in Nestorii pessimam divisionem, opportunum puto esse in hoc loco ponere sententias Nestorii antequam ad hujus dicta discutenda veniamus ; ut prudens lector cognoscere valeat quam consona Felix Nestorio senserit et ubicunque male utramque in uno Domino dividit substantiam et confugit iterum ad unitatem personae dicendo : « Unus tamen in utroque, non duo», quantum et in hoc eumdem Nestorium imitetur », c. 4.

2. L'origine même de cette erreur d'où sortent toutes les autres, réside dans la prétention des adoptianistes de rattacher la filiation à la nature et non à la personne. « Filiatio proprie convenit hypostasi vel personae, non naturae, unde et in prima parte dictum est quod filiatio est proprietas personalis. » SAINT THOMAS D'AQUIN, *Sum. Theol.*, IIIa, q. XXIII, a. 4.

3. Voici les pères cités par Agobard.

Saint Cyrille d'Alexandrie ; saint Augustin ; saint Symmaque ; saint Jérôme ; Le Bienheureux Vigile de Thapse ; Saint Hilaire ; Le Bienheureux Proclus de Constantinople ; Saint Athanase ; Saint Avitus de Vienne ; Saint Grégoire, « pape » ; Fidentius « quidam catholicus doctor» que BALUZE identifie avec l'évêque Fidentius, martyr, dont parle saint Augustin. Serm. 30. Bien entendu, Agobard cite les pères tels qu'ils étaient connus de son temps et il lui arrive, par ex. d'attribuer à saint Augustin un texte de Fulgence de Ruspe ou de citer des textes assez différents de ceux que nous connaissons aujourd'hui.

4. Voici par ex. une des formules d'Agobard : « Nullatenus acquiescebat assentire... ut crederet in uno Domino nostro Jesu Christo duarum naturarum unitionem substantialiter factam et Deum Verbum secundum subsistentiam carni unitum. »

5. Comparer le traité d'Agobard avec les documents relatifs au Concile de Francfort en 794, le *Libellus Sacrosyllabus* (*P.L.*, t. XCIV, col. 152), rédigé par les évêques d'Italie, l'*Epistola Synodica* des évêques de Gaule, d'Aquitaine et de Germanie du même concile. *P.L.*, t. CI, col. 134.

La *lettre d'Adrien I*er *aux évêques de Galice et d'Espagne* (DENZINGER *Enchiridion*, 257. HARDUIN, *acta conc.*, t. IV, col. 865).

La *lettre de Charlemagne à Elipand* et aux évêques de son parti. *P.L.*, t. XCVIII, col. 899.

II

Le culte des Images

Par contre, l'orthodoxie d'Agobard a été mise en doute à propos de son Traité sur les images des Saints [1]. La question des images est de celles qui, au IXe siècle, soulevèrent les plus vifs débats [2]. Nous avons quelque peine à le comprendre tant elle nous paraît simple aujourd'hui.

Deux tendances extrêmes se manifestaient parmi les chrétiens : l'une consistait à proscrire absolument toutes les images des saints ou même du Christ, l'autre consistait à rendre à ces images un culte idolâtrique.

On conçoit que les évêques appelés à se prononcer aient tenu compte surtout de la tendance qui prévalait dans le peuple qu'ils gouvernaient eux-mêmes et se soient mis en garde contre le danger le plus prochain. Les orientaux, témoins des excès des iconoclastes, se déclaraient favorables aux images, les occidentaux, témoins des pratiques superstitieuses d'un peuple à peine sorti du paganisme, leur étaient, au contraire, peu favorables. Les controverses attestent qu'il y avait une véritable difficulté à trouver le juste milieu [3]. Nous ne referons pas l'Histoire très étudiée de cette grande querelle. Voici comment elle se présentait au temps d'Agobard.

Au concile de Francfort de 794 [4], les évêques gallo-francs s'étaient élevés contre les grecs parce qu'ils avaient cru que ceux-ci avaient défini, au 2e concile de Nicée (787) [5] qu'un culte d'adoration devait être rendu aux Saints et à leurs images, comme à la Sainte Trinité. Leur protestation n'était pas fondée, mais, en elle-même, bien loin de pouvoir être alléguée contre leur orthodoxie, elle ne pourrait qu'y faire honneur. Le malentendu ne fut dissipé qu'à demi : une suspicion continua de planer sur les Grecs. Elle transparaît dans les pièces relatives au concile tenu à Paris, en 825 [6] sur le même sujet, où l'on déclare en re-

1. « Liber contra eorum superstitionem qui picturis et imaginibus Sanctorum adorationis obsequium deferendum putant », écrit probablement aux environs du concile de Paris de 825. *P.L.*, CIV, col. 199.

2. Sur la question des images, cf. V. Grumel, *Dict. Théol. Cath., art. Images.* F. Vernet, *Dict. Théol. Cath., art. Claude de Turin.*

3. Déjà Grégoire le Grand avait résolu la question à propos de Serenus de Marseille. On n'a rien ajouté d'essentiel à sa théologie des images.

4. Mansi, *Concil.*, t. XIII, col. 909. Cf. Hefele, *op. cit.*, trad. Leclercq, t. III, p. 1242.

5. Mansi, *Concil.*, t. XIII, col. 377.

6. Mansi, *op. cit.*, t. XIV, col. 422. Cf. P.L., t. XIV, col. 1318.

Sur les *Libri Carolini.* Cf. Vernet, *Dict. Théol. Cath. art. Carolins.*

vanche que l'Eglise romaine ne s'est jamais écartée de la doctrine vraie.

Il est très probable qu'Agobard prit part aux délibérations de cette assemblée. On a même supposé que ce fut lui qui composa le Traité envoyé par le Concile à l'Empereur, et par l'Empereur au Pape Eugène II. En tout cas, les idées qu'il exprime dans son traité sont sensiblement celles qui prévalurent dans le concile. A-t-il, en les présentant, passé les justes limites ? De hautes autorités l'ont affirmé [1], mais ce jugement sévère est loin d'être ratifié par la majorité des théologiens [2].

Quoi qu'on en ait dit, Agobard avait le souci de l'exacte mesure : la vraie religion catholique, dit-il, est celle que l'on trouve dans le Liber sacramentorum de l'Eglise Romaine. Il ne faut ni dépasser, ni délaisser la mesure de vénération qu'elle prescrit. « Que l'on tienne donc cette voie royale [3]. »

Il reste, assurément, facile de trouver dans son traité des formules excessives [4] ; replacées dans leur contexte, c'est-à-dire pourvues de leur sens véritable, il n'en est pas une qui ne devienne acceptable.

1. L'ouvrage d'Agobard a été censuré par le Cardinal Baronius et par l'inquisition espagnole. Voici les termes de Baronius :

« in eo (libro) quem de picturis et imaginibus scripsit, *iconoclastis consensit in omnibus*, praeterquam in cultu sacratissimae crucis, et quod reliquas sive Christi sive sanctorum imagines, memoriae causa non tamen orationis ergo, haberi posse concedat ; unde merito e coetu fidelium orthodoxorum *idem proscriptus sit liber* editus nuper, eo quod absque antidoto, durum fuit propinatum acceptasse venenum. » Les réserves faites par Baronius lui-même montrent combien excessive est la formule générale « iconoclastis consensit in omnibus » dont il se sert.

Sans doute tenons-nous ici la raison, ou du moins l'une des raisons de la mise à l'index de l'édition Papire Masson. Le jugement de Baronius paraît avoir été dicté surtout par des raisons d'opportunité et parce que les protestants citaient, à leur avantage, des passages de ce traité.

Tout comme Agobard, Baronius, quittant le plan des idées pures, incline dans le sens de ses préoccupations pastorales.

2. Ita : Baluze. Mabillon, la *Biblioth. Vet. Patr. La Gallia Christiana. Les Bollandistes*, etc...

3. « Nunc venerationis modum qui supergreditur aud relinquit contemnit disciplinam patris sui dimittitque legem matris suae... teneatur itaque via regia », c. XXX.

4. Cf., ch. XXIII.

Saint Augustin, *Civ. Dei.*, X, 8, raconte comment le pieux roi Ezéchias détruisit le serpent d'airain parce qu'il devenait un objet d'idôlatrie. C'est encore plus un devoir religieux de briser et de réduire en poussière les images des Saints, et eux-mêmes nous approuvent, qui voient avec indignation qu'elles sont adorées à la façon des idoles sous prétexte de les honorer et au mépris de la religion de Dieu.

Le passage le plus dur est celui-ci : « *Multo religiosius Sanctorum imagines... omni genere conterendae et usque ad pulverem sunt eradendae* ; praesertim cum non illas fieri Deus jusserit sed humanus sensus excogitaverit. »

On voit combien il serait abusif de conclure d'un texte pareil, comme on l'a fait, qu'Agobard prescrivait la destruction de toutes les images. Il dit simplement qu'il vaut mieux les détruire lorsqu'il arrive qu'elles donnent lieu à un culte idolâtrique.

Il faut surtout, pour les interpréter exactement, se souvenir des préoccupations pratiques de l'évêque de Lyon. Ici non plus, il ne se tient pas sur le plan spéculatif. Nous verrons, plus loin, quelle lutte il dut mener contre les superstitions innombrables et tenaces de ses contemporains. C'est à ses ouailles qu'il pense, c'est son expérience quotidienne qui est présente à son esprit et qui le met en défiance contre certaines pratiques, même les plus légitimes, tant il redoute de les voir dégénérer.

« Les chrétiens d'Alexandrie, dit-il, ne peignaient dans leurs maisons que la croix. Si l'on avait ordonné de vénérer les images des Saints à ceux qui venaient d'abandonner le culte des démons, je crois qu'il leur aurait semblé, qu'en fait d'abandon des idoles, ils n'avaient fait que changer d'images [1]. »

Ces chrétiens qui viennent à peine d'abandonner les idoles, ce sont les siens. Constamment, Agobard les détourne de la tendance au polythéisme et de l'attrait des cultes les plus grossiers. Constamment, il prêche, et avec une insistance qui montre quelle peine il a à faire entrer dans les esprits cette vérité, qu'il n'y a qu'un Dieu et qu'il est Esprit.

Deux questions se mêlent dans son traité, correspondant précisément à ces deux préoccupations, spiritualiste et monothéiste : celle du culte des images proprement dites, et celle du culte des saints eux-mêmes.

Agobard n'exclut pas toute espèce de culte des Saints, il croit à leur intercession, mais il tient jalousement à ce que ce culte soit subordonné à celui de Dieu [2] : tandis que nous prions les Saints « que ce soit Dieu, dit-il, qu'adore notre âme, lui qui a accordé à ses saints la couronne de la victoire et à nous-même des secours par leur intercession » [3].

Il fait absolument siennes les paroles de saint Augustin au livre XXII de la cité de Dieu.

« Les martyrs font des miracles, mais plutôt c'est Dieu qui les fait par leur coopération et leur prière pour que progresse cette foi par laquelle nous croyons, non pas qu'ils sont nos dieux, mais qu'ils ont, avec nous, un même Dieu.

« Les païens ont élevé à leurs dieux des temples et construit des autels, et institué des prêtres, et fait des sacrifices. Mais nous, nous élevons à nos martyrs non pas des temples comme à des dieux, mais des mémoires, comme à des hommes morts et dont les âmes sont vivantes auprès de Dieu. Dans ces mémoires, nous n'élevons pas des autels pour y sacrifier à nos martyrs, mais

1. *Ibid.*, c. 19.

2. Il allègue le célèbre texte d'Eusèbe (Liv. IV, c. 15) sur la passion de Polycarpe. Les juifs prennent beaucoup de peine pour empêcher les chrétiens d'emporter le corps du martyr auquel ils pensaient qu'un culte serait rendu « ignorantes miserrimi quia neque Christum aliquando possumus derelinquere... neque alium quemquam colere ». *Ibid.*, c. 18.

3. *Ibid.*, cap. XXXI, *in fine*.

nous y offrons à Dieu seul et leur martyre et notre sacrifice...

« ...le prêtre qui sacrifie ne s'adresse pas à eux, mais à Dieu quoiqu'il sacrifie dans leur mémoire. Il n'est pas leur prêtre, mais celui de Dieu [1]. »

« Voilà, s'écrie Agobard, la religion vraie, voilà la pratique catholique, voilà l'antique tradition des pères, comme il est d'ailleurs facile de le prouver par le Liber Sacramentorum que garde l'Eglise Romaine [2].

« Qui outrepasse ou qui abandonne cette juste mesure de vénération, méprise la discipline paternelle et délaisse la loi de sa mère [3]. »

De telles paroles nous semblent écarter tous les doutes sur les sentiments d'Agobard à l'égard des Saints [4].

A l'égard des images, il professe des principes peut-être un peu étroits, mais parfaitement orthodoxes. Il cite avec éloge des textes favorables aux images. « Qu'y a-t-il de contraire à la loi divine, proclame-t-il, avec Bède, dans le fait de peindre sur des tableaux ou de sculpter les histoires des Saints et des martyrs qui, en observant cette loi, ont mérité la gloire de la récompense éternelle ? Qu'on lise attentivement les paroles de l'Ancien Testament, on verra qu'il ne fut point défendu de faire des images des choses ou des animaux, mais de les faire pour un culte idolâtrique. Les images que des impies ont coutume de fabriquer pour leur rendre un culte et une adoration comme à des dieux, ainsi que le pratiquait la gentilité égarée, voilà ce qui est défendu [5]. »

Agobard va jusqu'à rappeler les reproches adressés par le pape Grégoire à un évêque de Fréjus (Agobard confond ; il parle ici évidemment de Serenus, évêque de Marseille) qui avait détruit les portraits des apôtres parce que son peuple les adorait. Il aurait suffi, écrit le Pontife Romain, de corriger leur erreur [6]. S'il se réfère à cette censure, ce n'est évidemment pas pour la mériter à son tour.

Ne pas décerner aux images un culte qui ressemble à ce culte suprême réservé à Dieu seul, ne pas mettre en elles une confiance superstitieuse, mais attendre son secours du seul Tout-Puissant. Voilà sur quoi il insiste et revient de mille manières.

Qu'il ait des exigences trop grandes sur la spiritualité du culte, qu'il ne voie pas assez le parti que l'on peut tirer des représen-

1. SAINT AUGUSTIN, *Civ. Dei.*, XXII, 10. Dans le même sens : « Nous n'offrons pas aux martyrs des temples, des sacrifices, un sacerdoce parce que c'est leur Dieu qui est notre Dieu et non pas eux-mêmes. » SAINT AUGUSTIN, *Civ.*, *Dei.*, VIII, 27, cité par Agobard, c. 11.

2. Cf. sur ce « Liber Sacramentorum », la note de BALUZE. *P.L.*, t. CIV, col. 223.

3. P.L., t. CIV, col. 224.

4. On en trouve d'ailleurs l'expression dans d'autres parties de son œuvre et par ex. dans son poème sur la translation des reliques de saint Cyprien.

5. *De imag. Sanct.*, P.L., t. CIV, c. 21.

6. *Ibid.*, c. 22.

tations de l'art, ce sont des réserves que nous ferions certainement, mais qui n'intéressent pas l'intégrité de la foi. Agobard appartient évidemment à cette famille de philosophes chrétiens et de mystiques pour qui tout ce qui est de l'ordre sensible ne peut que faire écran entre l'âme et Dieu. Il trouve pour soutenir son sentiment un appui constant dans saint Augustin [1].

La plus grande faiblesse de ce long traité réside dans sa composition. A ce point de vue, Agobard est ici inférieur à lui-même. Quantité de choses y sont accumulées sans ordre, sans valeur relative, d'où l'apparente confusion, et la facilité d'interpréter le texte à contre-sens. S'il avait mieux dégagé sa pensée, elle n'eût sans doute pas encouru de si graves censures.

En tout cas, ce traité peut être tenu pour l'expression de doctrines communes dans l'épiscopat Gallo-Franc [2].

III

Les objections de Frédégise

Le traité contre les objections de l'abbé Frédégise [3] ne présente pas d'unité de sujet.

C'est une réponse à une série d'attaques dont Agobard avait été l'objet.

1. « Dieu est vénéré plus chastement sans image. » S. Aug., *Civ. Dei.*, IV, 30 : Agob., c. 24.

« Rien n'entrave plus dans la recherche de la vérité qu'une vie sensuelle tout impliquée dans le monde des corps. C'est l'esprit et non pas l'œil qui est fait pour contempler la beauté souveraine. » « La religion nous relie à Dieu tout puissant qui n'a interposé entre Lui et nous aucune créature. » S, Aug., *De vera Relig.*, XXV, 33, 34, 35 : Agob., c. 25 et 28.

« Le visible nuit tellement à l'invisible que N.-S. a dit « expedit vobis ut ego vadam. » « Non potestis capere spiritum nisi carualiter desinatis diligere Christum. » S. Aug., *Tract. in Joan.*, XCV, cap. XVI : Agob., c. 15.

« Ce qu'il y a de meilleur en nous c'est l'intelligence où l'on ne trouve rien qui ait figure sensible. Or, Dieu est encore meilleur que ce qui est le meilleur en nous. Comprenons-le donc si nous pouvons grand, sans quantité, partout présent, sans lieu, etc... S. Aug., *de Trin.*, L., V, cap. I. Agob., c. 14. Cf. aussi S. Aug., *Confessions*, L. V, X, Ch. XXXIII, sur le danger même du chant d'Eglise. Non cité par Agobard.

2. L'opinion commune de cet épiscopat comportait évidemment bien des nuances personnelles. Agobard va plus loin que Jonas d'Orléans. Mais il est excessif de vouloir le rapprocher de Claudius de Turin dont les conceptions sont notées d'hérésie. Ita Manitius, *op. cit.*, p. 386. Cf. « *Apologeticum atque rescriptum Claudii episcopi adversus Theudmirum abbatem.* » *P.L.*, t. CV, col. 459-464 et Jonas d'Orléans : « *de cultu imaginum libri tres* » *P.L.*, t. CVI, col. 305-388.

3. *Liber contra objectiones Fredegisi abbatis*, *P.L.*, CIV, col. 159, composé aux environs de 830.

L'abbé Frédégise, successeur d'Alcuin au monastère de saint Martin de Tours, jouissait d'une grande réputation [1].

Son ouvrage contre Agobard n'a pas été conservé, non plus d'ailleurs que l'ouvrage d'Agobard qu'il prétendait lui-même réfuter.

On connaît seulement de Frédégise un petit traité « du néant et des ténèbres », où il s'efforce de prouver que le néant est quelque chose. Dans cet écrit, comme dans les objections que relève Agobard, il se montre esprit subtil et raffiné plutôt que solide et l'on conçoit que la saine raison d'Agobard ait éprouvé à son égard une sorte d'antipathie intellectuelle. Dans la controverse, l'évêque de Lyon l'emporte sans péril.

Le ton est vif, parfois ironique [2], parfois indigné, souvent d'une belle éloquence.

La première objection portait sur la notion de l'humilité.

Agobard avait écrit qu'un homme humble a basse opinion de soi-même et, partant, ne doute pas qu'il soit pécheur.

Frédégise objecte que dans ce cas, Jésus qui était humble, aurait dû confesser qu'il pouvait pécher.

A quoi, Agobard répond aisément que Jésus n'est pas simplement homme et doit être mis à part. L'écriture dit de même, observe-t-il, que tout homme pèche et cela n'est point faux, du fait que le Seigneur n'a pas péché [3].

La deuxième objection porte sur l'inspiration de l'Ecriture Sainte. Agobard avait dit que les auteurs et traducteurs des livres saints n'observaient pas toujours la grammaire. Frédégise dénonce cette opinion comme offensante pour le Saint-Esprit qui inspirait ces écrivains [4].

Agobard répond par la très juste critique d'une certaine conception de l'inspiration qui prétendrait réduire le rôle des prophètes à celui d' « ânesse de Balaam » [5]. C'est de plus une

1. Fredegise, surnommé Nathanaël, amené par Alcuin de Grande-Bretagne, abbé de Saint Martin de Tours, Chancelier de Louis le Pieux, abbé de Saint Bertin, mort en 834. *Ep. de Nihilo et Tenebris ad proceres Palatii, P.L.*, CV, 751 et *M. G. Ep.*, IV, 552. Cf. *Hist. Litt. Fr.*, IV, 512. Manitius, *Gesch. d. Lat. Liter. d. Mittelalt*, I, 460.

2. Mais il semble que Frédégise ait le premier donné à son attaque contre Agobard cette allure discourtoise. Cf. notamment : *Contr. obj. Fred.*, c. 1 et 2.

3. *Ibid.*, c. 3 sqq.

4. *Ibid.*, c. 7, Frédegise avait écrit : « Turpe est enim credere Spiritum Sanctum qui omnium gentium linguas mentibus apostolorum infudit, rusticitatem potius per eos quam nobilitatem unius cujusque linguae locutum esse. » *Ibid.*, c. 13.

5. L'inspiration verbale est conçue d'abord comme une dictée, « le prophète entend et répète », ou comme une opération plus mécanique encore. « Dieu se sert de sa bouche ou de sa main comme d'un instrument». Mais il y a une théorie de l'inspiration verbale infiniment plus subtile et qu'Agobard ne vise pas parce qu'elle n'existait pas de son temps.

Elle consiste essentiellement à dire que l'Esprit Saint assiste l'auteur inspiré dans toutes ses opérations psychologiques, y compris la parole ou l'écriture, de sorte que le texte inspiré est à la fois entièrement de l'homme et entièrement du Saint-Esprit.

erreur, dit-il, de croire que la noblesse de la parole de Dieu soit dans la pompe de l'éloquence : elle est dans la force de l'esprit. Aussi est-il bien éloigné de faire grief aux auteurs inspirés des imperfections de leur langage [1]. Comment expliquer d'ailleurs si le Saint-Esprit dictait immédiatement aux prophètes les mots tels qu'ils sortent de leurs lèvres que saint Paul fût, au rapport de saint Jérôme, plus éloquent en hébreu qu'en grec ? [2]

Agobard critique à son tour, un système philosophique à tendance panthéiste où s'était aventuré Frédégise : « Vous soutenez que vous avez eu raison de dire « anima quando ad corpus pervenit », mais les textes que vous alléguez ne prouvent rien, car il y est question du retour à leur corps d'âmes séparées par la mort ; or, il est vrai que l'âme, une fois créée, est une substance ; mais vous parlez, vous, du commencement de l'être, corps et âme, ce qui est bien différent. Les docteurs enseignent qu'elle n'est pas créée avant d'être unie au corps [3]. »

La discussion suivante est d'une égale maîtrise dialectique. Frédégise tendait un piège à Agobard. « Vous me demandez si Dieu et la vérité sont deux choses, pour me faire dire que Dieu n'est pas vérité. Il l'est sans aucun doute. Mais le mot vérité désigne souvent dans la sainte écriture, non pas Dieu, mais la vertu opposée à l'injustice et à la fausseté » et à l'appui de sa distinction, Agobard cite une série de textes où il serait évidemment ridicule de remplacer vérité par Dieu [4].

Les dernières discussions tournent autour d'une affirmation de Frédégise : les Saints de l'Ancien Testament n'étaient pas chrétiens [5]. Agobard proteste et sa réponse nous intéresse beaucoup parce qu'elle manifeste une des attitudes essentielles de son esprit que nous retrouverons à la base de sa pensée politique : l'universalisme.

Son intelligence éprise d'unité veut embrasser tous les hommes dans la même économie du salut. Nous croyons, dit-il, que dans l'Ancien Testament, non seulement les patriarches, mais un grand nombre de Saints, même de la gentilité, ont été oints invisiblement pour devenir un dans le corps du Christ. De même les martyrs morts avant le baptême [6].

Les mystères du salut ont été opérés par le même médiateur pour eux et pour nous. Toute la différence est qu'il les ont sauvés comme futurs et qu'ils nous sauvent comme passés [7] et il compare les fidèles de l'Ancien et du Nouveau Testament à ces disciples de Jésus qui l'accompagnèrent dans son triomphe du jour

1. *Ibid.*, c. 12.
2. *Ibid.*, c. 13.
3. *Ibid.*, c. 14.
4. *Ibid.*, c. 15.
5. *Ibid.*, c. 16 sqq.
6. *Ibid.*, c. 20.
7. *Ibid.*, c. 21. « Nos salvant preterita illos futura. »

des Rameaux : les uns le précédaient, les autres le suivaient. Tous entrèrent avec lui chantant le même Hosanna [1].

Le traité manque de conclusions d'ensemble. A supposer que le texte ne soit pas incomplet, ce défaut de composition n'aurait rien que de banal à l'époque et l'ouvrage n'en ferait pas moins honneur à la doctrine de l'auteur et surtout à la vigueur de son esprit.

Le contraste si vif entre la pensée d'Agobard et celle d'un homme en aussi grand crédit que Frédégise, nous montre que ce n'était pas un mince mérite au IXe siècle, de préférer aux subtilités d'un goût barbare la simplicité de la saine raison [2].

1. *Ibid.*, c. 21, cof. 173. « Sicut et illi duo qui unum botrum in falango portabant, unum opus faciebant indifferenter, nisi quia eumdem botrum unum post dorsum, alter ante faciem habebant ; sicut et illi qui praecedentes et sequentes Domino intranti Jérusalem, clamant Osanna. »

2. Charlemagne paraît avoir marqué la même préférence. Après la publication du traité sur le Néant et les Ténèbres, il demande à l'irlandais Dungal ce qu'il faut en penser : « Sententias sive rationes quas tibi dirigimus de substantia nihili et tenebrarum, diligenter ac studiose explorare te volumus et utrum recte ac vere sint an aliqua falsitate notabiles, nobis significare stude. Nihil tamen allegorice aut figurate adtendas, sed nudum sermonem nudamque litteram rem nudam significantem. » *M.G.*, Cap. 4, 552, 7.

CHAPITRE V

LES POLÉMIQUES LITURGIQUES

I. La divine psalmodie - II. La correction de l'antiphonaire - III. Les Livres contre Amalaire

6.

Le même trait de l'esprit d'Agobard s'accuse dans ses écrits liturgiques. Il s'agit essentiellement pour lui d'écarter de l'office divin toutes les compositions d'invention récente et, avant tout, les interprétations mystiques d'Amalaire « phantasticas ac ridiculosas allegorias ».

Amalaire était pour Agobard un adversaire personnel [1].

Chorévêque de Metz, il s'était distingué par ses travaux dans la célèbre école de chant et de liturgie fondée par Chrodegang.

Malgré les efforts de cette école, constamment soutenus par les souverains carolingiens, pour unifier sur le modèle romain les liturgies en usage dans les Eglises franques, la réforme, vers 830, était loin d'avoir abouti. Louis le pieux confia alors à Amalaire le soin d'une révision générale.

L'œuvre d'Amalaire fut, en réalité, une compilation où entrèrent des éléments romains et messins, auxquels il ajouta quelques composition de son cru. Il prit soin, d'ailleurs, de distinguer par des lettres, ces différentes origines [2].

Sur ces entrefaites, Agobard, à la suite des dissensions entre l'Empereur et ses fils, dut s'exiler en Italie. En son absence, le gouvernement de l'Eglise de Lyon fut confié par l'Empereur, semble-t-il, à l'Evêque de Mâcon, Modoïn, ancien condisciple et ami de Florus. Celui-ci ne se fit pas faute de reprocher vigoureusement à son ami d'oser exercer une autorité abusive et contraire aux Canons sur l'Eglise-Mère qui l'avait nourri.

Notons, toutefois, que les reproches de Florus sont formulés en vers élégants qui en tempèrent singulièrement l'âpreté. [3] « Le Maître » ménage visiblement des possibilités de réconciliation.

Ces circonstances furent mises à profit par le grand liturgiste

1. Evêque de Trèves en 811, mort peu après 850. Sur l'identification d'Amalaire, évêque de Trèves avec Amalaire de Metz, généralement admise, voir les art. de Dom G. Morin, *Rev. Bénédict.*, 1891, t. VIII, p. 432, 1892, t. IX, p. 337, 1894, t. XI, p. 241, 1896, t. XIII, p. 289. Les 2 art. Amalaire de Metz et Amalaire de Trèves dans *Dict. Théol. Cath.*, t. I, col. 933 et *Dict. d'Archéol. Chret.*, t. I, col. 971, 1323-1330.

Ses œuvres principales sont le « *De ecclesiasticis officiis* », sorte d'encyclopédie liturgique (vers 823). P.L., t. CV, col. 985, le « *De Ordine antiphonarii* » où il explique ses méthodes dans la composition de son antiphonaire. P.L., t. CV, col. 1243.

2. « *De ordine antiphonarii.* » P.L., t. XV, col. 1243. L'antiphonaire auquel il est fait constamment allusion est malheureusement perdu.

3. Florus. De injusta vexatione Ecclesiae Lugdunensis. M.G.H. Poet. Lat. t. II, p. 556.

officiel, pour essayer, avec l'appui de l'Empereur, d'imposer à Lyon sa réforme.

Il venait de publier un livre de liturgie fort savant que nous possédons encore, le « de officiis ecclesiasticis », en 4 livres. On y trouve quantité d'explications mystiques du culte, des cérémonies, des vases sacrés, des habits sacerdotaux, la plupart hasardées et même dangereuses.

En 834, avec l'approbation au moins tacite de Modoïn, il réunit un synode diocésin à Lyon et pendant trois jours il lut aux clercs son livre. La plupart applaudirent à ce travail qui se répandit rapidement.

Cependant, la vénérable Eglise, fière de ses traditions, résista, conduite par Florus [1]. Un Concile allait être célébré à Thionville le 2 février 835 pour procéder à la restauration de l'Empereur [2] et juger les prélats qui, durant sa lutte contre ses fils, s'étaient prononcés contre lui.

Florus n'hésita pas à adresser deux lettres à ce Concile pour lui dénoncer les erreurs que répandait dans Lyon Amalaire [3].

Le Concile assez occupé d'autres affaires et, sans doute, peu disposé à satisfaire le diacre ami d'Agobard, ne porta pas de sentence contre Amalaire.

C'est seulement au synode de Quierzy, en 838, sur une troisième lettre de Florus que le livre d'Amalaire fut censuré.

Dès son retour, Agobard poursuivit lui-même la lutte pour achever la déroute de l'ennemi. C'est alors qu'il composa les trois ouvrages qui nous sont parvenus : De divina psalmodia [4], De correctione antiphonarii [5], Contra libros IV Amalarii abbatis [6].

Les écrits publiés dans de telles circonstances se ressentiront naturellement des sentiments de l'auteur envers celui qui, dans sa propre Eglise et en son absence, avait essayé d'imposer une réforme que lui-même n'approuvait pas.

Comme nous l'avons dit à propos des écrits théologiques, il ne faut pas oublier le caractère polémique de ces œuvres pour les apprécier équitablement.

Le « De Divina psalmodia » paraît une sorte d'avertissement qu'Agobard aurait voulu placer en tête de son édition de l'antiphonaire. Après quelques invectives à l'égard d'un fou et d'un

1. Voici en quels termes Florus parle d'Amalaire « Multum moleste et dolenter accipimus ut ecclesiastici et prudentes viri Amalarium de fidei ratione consulerent, qui et verbis et libris suis mendaciis et erroribus et phantasticis atque haereticis disputationibus plenis, omnes pene apud Franciam Ecclesias et nonnullas etiam aliarum regionum, quantum in se fuit, infecit atque corrupit. » P.L., CIV, col. 325. Agobard n'est pas plus sévère.

2. Cf. *infra*, t. III

3. Florus P. L., t. CXIX, col. 71-94. Mansi t. XIV, col. 643 sqq.

4. P.L., t. CIV, col. 325.

5. *Ibid.*, col. 329.

6. *Ibid.*, col. 339. Cf. note de Baluze sur le titre d'abbé décerné à Amalaire par le manuscrit.

malhonnête [1] qu'il ne nomme pas, mais que toute l'Eglise de Lyon reconnaissait, il expose la nécessité où il se trouve de réformer l'antiphonaire.

C'est là qu'il énonce le principe qu'il faut, pour l'office, comme cela se fait pour la messe, n'user, en général, « generaliter » que de textes sacrés [2].

Un tel principe peut paraître trop radical, et de fait il n'est pas celui qui a prévalu dans l'usage de l'Eglise. Mais il ne faut pas oublier qu'Agobard en atténue lui-même la rigueur par le petit mot « generaliter », et surtout qu'il s'agit beaucoup moins pour l'évêque de Lyon de formuler une doctrine complète sur la question que de corriger les abus dont il est le témoin et d'écarter du chant liturgique telles compositions qui n'ont aucun titre à y prendre place [3].

Il est tout à fait abusif de faire d'Agobard, sur ce point, un précurseur de Luther, Calvin et Jansenius [4].

Le « De Correctione antiphonarii », un peu plus étendu que le précédent traité reprend la thèse de la préférence à accorder à l'Ecriture Sainte.

Agobard donne ici des exemples des « superfluités », des « légèretés » et même des « choses approchant le mensonge » et « le blasphème » qu'il croit devoir retrancher.

Ses censures ne nous paraissent pas toutes également fondées. Mais elles procèdent toutes de louables exigences critiques. Agobard proteste tout particulièrement contre la fabrication de textes pseudo-scripturaires où l'on attribue au Seigneur des paroles qu'il n'a jamais prononcées [5]. De pareils faux lui semblent à la fois ridicules et sacrilèges. Une seconde thèse est développée dans cet écrit : c'est que le chant religieux doit être simple de sorte qu'il n'en résulte pas une délectation sensible qui détourne l'esprit de la prière [6], et de sorte aussi que ceux qui s'y adonnent ne soient pas obligés de consacrer tout leur temps à la culture

1. *Ibid.*, col. 325, C.

2. « Sicut in diebus, ad missas, non nisi divina generaliter eloquia decantantur, ita et in noctibus, ad sacras Deo vigilias exhibendas, eadem procul dubio lex debeat observari ». *ibid.*, col. 327.

3. « ...nequaquam ad tantam deveniret fatuitatem (Amalarius) ut verba quorumlibet hominum, quorum nec nomina, nec sensum, nec fidem novit, tanquam divinas Scripturas defenderet. » *Op. cit.*, col. 327.

4. Ita E. Debroise, avec la réserve « inconsciemment », dans *Dict. d'Archéol. Chrét. et de Liturgie.* Art. Agob., col. 973.

5. « Jam vero quanta illa sunt vaticinia, ut ita dictum sit, falsa in responsoriis et antiphonariis quae quasi ex voce Domini pronuntiantur, cum in nullis divinis Scripturis reperiantur. Ut est : « Octava decima die decimi mensis jejunabitis, dicit Dominus, et mittam vobis Salvatorem et propugnatorem pro vobis, qui vos praecedat et introducat in terram quam juravi patribus vestris. » *ibid.*, col. 333.

6. Saint Augustin a longuement et avec une grande finesse d'analyse, soutenu la même idée. *Confessions*, Liv. X, Ch. XXXIII.

de leur voix, tandis qu'ils restent dans une complète ignorance du sens de ce qu'ils chantent [1].

Là encore, l'énoncé des principes est inséparable de la correction des abus contemporains. Aussi l'ouvrage rempli d'allusions est-il riche en détails intéressants pour les historiens de la liturgie [2].

Le Traité contre les quatre livres d'Amalaire, est une prise à partie directe de l'adversaire.

Diverses propositions d'Amalaire sont saisies une par une et soumises à une critique acerbe, d'où il ressort qu'elles sont « inutiles, confuses, nuisibles, insensées, erronées, mensongères, etc... ».

Agobard s'irrite surtout contre la manie du liturgiste de chercher partout des sens cachés et subtils.

Amalaire, par exemple, voyait un profond mystère dans le fait que, dans l'office du Vendredi saint, un seul répons correspondait à quatre versets :

Le Christ, en tant qu'homme, expliquait Amalaire, est composé de quatre éléments. L'homme, en effet, est naturellement formé de terre, d'eau, d'air et de feu ; quand donc le Christ assuma la nature humaine, il assuma les quatre éléments. Ceux-ci, par conséquent, étaient suspendus ensemble sur la croix, entre les deux larrons figurés eux-mêmes par les deux animaux, dont parle Habacuc (III-2), *in medio duorum animalium cognosceris*, etc...

A de telles inventions, Agobard oppose une robuste simplicité : les hommes qui ont composé l'office du Vendredi saint, dit-il, l'ont fait en utilisant des paroles de l'Ecriture, comme bon leur a semblé, et d'ailleurs de diverses manières, dans divers pays. Ils n'étaient nullement assistés de l'Esprit Saint, comme l'étaient les auteurs de l'Ecriture. Si donc un homme a ajouté à un seul répons quatre versets, ce n'est pas l'ombre de quelque énigme, et il n'y a point de mystère divin à chercher [3].

On voit à quelle forme d'esprit subtile et fausse, l'évêque de Lyon avait affaire et combien, toute animosité personnelle mise à part, était légitime la contradiction qu'il élevait.

Parmi les grands liturgistes du IXe siècle, Agobard ne fait pas figure de maître. Son œuvre est modeste à côté de celle des Alcuin, des Rhaban Maur, des Amalaire même. Mais, il reste que son influence est salutaire puisqu'elle s'exerce, tout compte fait, dans le sens de la saine raison.

1. « ...ab ineunte pueritia usque ad senectutis canitiem omnes dies vitae suae in parando et confirmando cantu expendunt... ignari fidei suae, inscii Scripturarum Sanctarum et divinae intelligentiae inanes ac vacui, hoc solum sibi sufficere putant, et ob hoc etiam ventosi et inflati incedunt, si sonum et vocem decantationis utcumque addiscant et in numero cantorum deputari videantur. » P.L., t. CIV, col. 338.

2. Dom Cabrol et Dom Leclercq, *Dict. d'Archéol. Chrét. et de Liturgie*, Paris 1924, art. Agobard.

3. *Ibid.*, col. 344.

CHAPITRE VI

LA GUERRE AUX SUPERSTITIONS

I. La Loi Gombette. - II. Les jugements de Dieu.
III. De la grêle et du tonnerre. - IV. De quelques illusions.

Cet amour de la saine raison, cette horreur de tout ce qui est chimérique et faux inspire à Agobard ses nombreuses campagnes contre les superstitions.

Aucun écrivain de son temps ne les combat avec autant d'énergie et il est à peu près seul à oser appeler superstitions des pratiques généralement approuvées, telles que les ordalies.

L'Eglise, au lieu de condamner rigoureusement ces pratiques, avait essayé de les christianiser et les avait enveloppées dans un cérémonial : exorcisme des inculpés, bénédiction des instruments [1].

On trouve bien, dès l'origine, quelques protestations [2], mais en général, les conciles du VIIIe et du IXe siècle se montrent favorables aux ordalies [3] et Charlemagne, dans un capitulaire d'Aix-la-Chapelle de 809, prend également parti pour elles [4].

Dans de telles circonstances, il faut à Agobard une grande fermeté de jugement pour se prononcer aussi nettement qu'il le fait [5].

1. Cf. S. GRELEWSKI, *La Réaction contre les ordalies en France depuis le IXe siècle jusqu'au décret de Gratien.* Strasbourg, 1924.

Les « *ordines judiciorum Dei* » sont les recueils des formules usitées pour les épreuves judiciaires et les textes des prières récitées par les prêtres dans ces occasions. Il reste un grand nombre de ces ordines. Les ms. que nous possédons ne sont pas antérieurs au IXe. Onze sont contemporains d'Agobard. (Cf. *Formulae Merovingici et Karolini Aevi*, éd. K. ZEUMER. M.G. H., *Legum*, Sectio V. Hannov. 1886, pp. 604, 605, 614, 617, 619, 623, 629, 632, 633, 638.) GRELEWSKI, *op. cit.*, p. 37 sqq.

Les « Ordines judiciorum Dei » se réfèrent à un certain nombre de cas de l'Ancien Testament où ils voient des précédents : Les trois jeunes gens dans la Fournaise (Daniel III, 19-25) ; La chaste Suzanne (Daniel XIII, 45-63) ; Le fer qui surnage (II Reg. VI, 6).

L'Ancien Testament autorise en outre, l'épreuve des sorts (Jos. VII, 10, 16) ; celle des eaux amères (Num. V, 11-33) ; et si l'on veut, le duel judiciaire par l'ex. de David et Goliath (I Reg. XVII, 4, 51).

Agobard ne donne aucune explication de ces textes scripturaires. A-t-il été embarrassé ? Il s'en tire généralement par prétérition, en demandant ses arguments positifs, de préférence, au Nouveau Testament.

La difficulté nous paraît réelle pour les eaux amères et les sorts, incontestablement approuvés par Jahveh comme moyen de preuve. Agobard y fait explicitement allusion sans paraître y voir un argument contre sa thèse, bien au contraire. Est-ce parce que l'institution était positivement divine ?

2. P. ex., SAINT AVIT, évêque de Vienne (vers. 450-519). P.L., t. CIV, col. 124-125, 254. CASSIODORE (vers 480-575). P.L., t. LXIX, col. 588.

3. Voir les références de ces conciles dans GRELEWSKI, *op. cit.*, p. 6.

4. M.G.H., *Capit. Reg. franc.*, t. I, p. 150 : « ut omnes judicium Dei credant absque dubitatione. »

5. Peut-être y a-t-il dans les sentiments d'Agobard un souvenir des coutumes de sa patrie espagnole. La Loi Wisogothique était peu favorable aux ordalies et n'admettait que l'épreuve par l'eau chaude. *M.G.H. Leges.Wisigothorum*, t. I, p. 250.

Nous avons de lui, sur ce sujet, deux écrits :

Une lettre à Louis le Pieux, « contre la Loi Gombette [1] », et un traité « sur les divines sentences » [2].

Dans les deux écrits les raisons alléguées sont substantiellement les mêmes et peuvent se ramener à trois chefs :

1° Les ordalies sont contraires à la doctrine chrétienne parce que la rétribution des mérites ne s'opère pas en ce monde [3] ;

2° Elles sont contraires à la charité chrétienne et les violences auxquelles on recourt pour connaître la volonté de Dieu sont précisément réprouvées par lui [4] ;

3° Elles sont une tentative téméraire pour percer les desseins de Dieu et le contraindre à se prononcer [5]. Dieu a donné à l'homme d'autres moyens de connaître la vérité : l'usage de la raison, le témoignage des autres hommes. C'est ce que prouve l'exemple des bons juges : Salomon, Daniel [6].

La lettre à Louis le Pieux est spécialement consacrée au duel judiciaire et, c'est à propos de ce jugement de Dieu que l'évêque de Lyon prend à parti la Loi Gombette. Cette Loi n'était pas spécialement mauvaise. Elle [7] avait, au témoignage de Grégoire

1. *L. ad Ludovicum pium imperatorem adversus legem Gundobadi et impia certamina quae per eam geruntur.* P.L., CIV, col. 113. Ce titre n'est pas excellent. « Pour l'unité de Loi dans l'Empire et l'extension de la preuve testimoniale » définirait mieux le sujet.

2. *L. de divinis sententiis, cum brevissimis adnotationibus contra damnabilem opinionem putantium divini judicii veritatem igne, vel aquis, vel conflictu armorum patefieri.* P.L., CIV, col. 249.

3. *Adv. Leg. Gundob.*, c. 9. Dans la vie de l'Eglise et dans celle des personnages de la Bible, ce ne sont pas toujours les innocents qui sont victorieux. Autrement ce serait saint Jean qui aurait dû couper la tête au roi Hérode. « Non enim in presenti meritorum retributio sed in futuro. » P.L., CIV, col. 118.

4. *Ibid.*, c. 8, col. 118 : Doctrina christi docet ; qui vult tecum judicium contendere et tunicam tuam tollere, remitte ei et pallium. « ...isti e contrario dicunt : Pugna securus, quia illum qui tua repetit...absque dubio superabis: et divinum eis promittunt adjutorium qui tam contrarii existunt evangelicae pietati. »

5. *Ibid.*, c. 9, col. 119. « Non oportet mentem fidelium suspicari quod omnipotens Deus occulta hominum in praesenti vita per aquam calidam aut ferrum revelari velit. Quanto minus per crudelia certamina. »

6. « Sed utilitas judiciorum constat in discussione causarum et subtilitate investigationum, sicuti et Salomon fecisse legitur in contentione duarum meretricum... Sic et Daniel adhuc puer, suscitante Deo spiritum ejus, judicavit duos iniquos judices prudenti subtilitate per quam liberata est et beata Suzanna de injusta damnatione. » P.L., t. CIV, col. 120

7. La *lex Gundobada* est la loi Burgonde, Lex Burgondionum, promulguée par le Roi Gondebaud (474-511) on ne sait pas exactement à quelle date. Elle fixe à un certain point de son évolution l'ancienne coutume germanique. Le Roi y a rassemblé, avec l'avis de ses *optimates*, les constitutions anciennes et les siennes propres. (Ed. de Salis, p. 29.) Gondebaud rédigea, en outre, la *Lex romana Burgondionum* (Papien) entre 502 et 516 à l'usage de ses sujets gallo-romains.

Leges Burgondionum, Edition de Salis. *M.G. Historica, Leges*, sect. I, t. II, pars I, Hanovre, 1892.

de Tours, adouci la coutume germanique primitive [1], mais elle conservait certaines pratiques très germaniques : le duel judiciaire, le serment purgatoire [2].

Agobard se plaint que, en vertu de la Loi Gombette, un procès, au lieu d'être jugé sur des preuves et des témoignages, puisse être réglé par le combat judiciaire si l'une des parties le demande.

De là toutes sortes d'abus : des infirmes et des vieillards sont provoqués au combat par de plus forts qu'eux pour être légalement dépouillés. Agobard se refuse à voir dans de telles rencontres des jugements de Dieu « comme si Dieu soutenait les forts et les rapaces ». Ce sont « des homicides, des injustices, des impiétés [3] ».

A vrai dire, la Loi Gombette n'ignorait pas la preuve testimoniale, et le duel, comme aussi le serment purgatoire, y apparaît plutôt comme un moyen subsidiaire [4].

Seulement l'administration de la preuve par témoins était pratiquement entravée, soit par l'appel au jugement de Dieu, soit, plus encore, par l'irrecevabilité de la plupart des témoignages en vertu du principe de la personnalité des Lois. Ce principe était fondamental dans le droit barbare. On le trouve explicitement formulé dans les lois écrites [5].

Agobard dénonce tous les inconvénients qui en résultaient. Il nous montre cinq hommes vivant en bonne amitié dans une même maison et dont aucun ne serait admis, le cas échéant, à témoigner pour les autres parce qu'ils relèvent chacun d'une loi différente [6].

Il arrive qu'un Burgonde, nous dit-il encore, commette un délit en public, à l'assemblée ou au marché et qu'on ne puisse le convaincre par témoins. On lui permettra, en revanche, de se purger de l'accusation par un faux serment manifeste [7]. C'est une absurdité qu'Agobard ne peut admettre.

Il n'exagère pas en supposant réunis, à Lyon, sous un même toit, les ressortissants de cinq lois différentes. On trouvait alors dans l'Empire, les lois des peuples barbares, Wisigoths, Burgondes, France Saliens, Francs ripuaires, Alamans pour ne

1. Greg. Turon, *Hist.*, II, 33, 7.
2. *Lex Burgond.*, tit. XLV et LXXX. Voir aussi II, VIII, XVII, XIX, XXXIII, XLII, XCIX.
3. *Adv. Leg. Gundob.*, c. 7, col. 117.
4. *Lex. Burgond.*, *loc. cit.*, tit. XLV et LXXX.
5. « Hoc autem constituimus ut, infra pagum Ripuarium, tam Franci, Burgundiones, Alamanni, seu de qualibet natione commoratus fuerit, in judicio interpellatus, sicut lex loci continet ubi natus fuerit, sic respondeat. Quod si damnatus fuerit, secundum legem propriam, non secundum Ripuariam, damnum sustineat. » (*Lex Ripuaria*, tit. XXXI, art. 3 et 4 dans Chénon. *Op. cit.*, p. 124.)
6. P.L., CIV, c. 6, col. 116
7. *Ibid.*, c. 6, col. 116.

parler que des principaux, et enfin le droit romain lui-même, sous la forme des lois concédées par les rois barbares à leurs sujets Gallo-romains, Lex romana Burgundionum, Breviarum Alarici.

On imagine quelle complication il en pouvait résulter dans une cité de l'importance de Lyon où vivaient confondus, non seulement des Gallo-romains et des Burgondes, mais des Francs et toute sorte d'étrangers [1].

Agobard demande donc pour le bon exercice de la justice et tout particulièrement pour l'extension de la preuve testimoniale aux dépens du duel, l'unification des Lois. Il s'élève ici très haut à des vues d'ordre politique qui se rattachent à une conception générale de l'Empire chrétien. Peu s'en faut qu'il ne formule déjà l'adage : une foi, une loi, un Roi.

Au sein de l'Empire, dit-il, tous les hommes de divers peuples et de toute condition invoquent ensemble le même Dieu et Père, voilà le fondement d'une indivisible unité. « O celestis fraternitas, o sempiterna concordia, o insecablis unitas ! [2] » Et paraphrasant le célèbre texte de saint Paul, Agobard s'écrie : « Il n'y a plus de gentil ni de juif, de barbare ni de Scythe, d'Aquitain ni de Lombard, de Burgonde ni d'Alaman, d'esclave ni d'homme libre, mais tout en tous, le Christ [3]. »

Or, y a-t-il rien de plus contraire à cette unité, qu'une si grande diversité de Lois [4] ?

Il est inadmissible qu'un chrétien ne puisse rendre témoignage d'un autre chrétien, un frère de son frère, parce que, selon le siècle, il relève d'une autre Loi. Si quelqu'un doit être écarté du témoignage que ce soit celui qui est d'une autre foi, ou encore le chrétien indigne jusqu'à ce qu'il ait fait pénitence [5].

La division, c'est entre le royaume de Dieu et celui du démon, qu'elle doit être tracée [6].

L'idéal ainsi défini et vers lequel on doit tendre, c'est bien, dans l'Empire *un*, l'*unité de Loi fondée sur l'unité de foi*. « Plût à Dieu, s'écrie-t-il, que, sous un seul roi très pieux, tous les hommes soient régis par une seule Loi. Il y aurait grand profit pour la concorde de la cité de Dieu et la justice des peuples [7]. »

1. Agobard déclare que la loi Gombette s'appliquait à un petit nombre d'hommes : « Cujus legis (Gundobadae) homines sunt perpauci. » (*adv. legens Gundobad.*, 6.) Il est certain que, depuis l'annexion des Burgondes au royaume franc, en 534, la Loi Gombette avait perdu de son influence. Toutefois, en vertu du principe de la personnalité des lois, elle gardait toute sa valeur juridique et jusqu'au xe siècle, nous la voyons invoquée. (Cf. *Cartulaire de Cluny*, charte de 912. Ed. A. Bernard, t. I, p. 176, n° 189), cité par Chénon, *loc. cit.*

2. *Adv. Legun. Gundob.*, P.L., CIV, col. 114.

3. *Ibid.*, P.L., CIV, col. 115.

4. *Ibid.*, c. 4, P.L., CIV, col. 116.

4. *Ibid.*, c. 5, P.L., CIV, col. 116.

6. *Ibid.*, c. 6, P.L., CIV, col. 117.

7. « Atque utinam placeret imnipotenti Deo ut sub uno piissimo rege

Cet idéal, Agobard sait fort bien qu'il est lointain. « Ce serait, dit-il, une bien grande chose et peut-être est-elle impossible à l'homme [1]. » Aussi réduit-il ses prétentions pratiques à un objet beaucoup plus limité : qu'il plaise à l'Empereur de faire passer les Burgondes à la Loi des Francs [2].

On s'est étonné d'un tel projet : la loi franque, en effet, admettait, elle aussi, le duel et les autres épreuves. Quel avantage y avait-il donc à l'imposer aux Burgondes ? On a supposé qu'Agobard ignorait la loi franque, ce qui est certainement inexact [3], ou encore que le duel était moins fréquent chez les Francs que chez les Burgondes, ce qui est douteux [4].

En réalité, Agobard propose l'unification de la Loi comme un moyen de faciliter le témoignage entre tous les sujets de l'Empire sans distinction de nationalité et par là même d'éviter le plus souvent le duel judiciaire [5].

Cette pratique qu'il condamne en elle-même, il la sait trop ancrée dans les Lois et dans les mœurs pour qu'il soit possible d'en obtenir d'un seul coup l'abolition pure et simple. « Il y a des choses, dit-il, qu'il n'est peut-être pas possible d'amender. [6] »

Il cherche à la ruiner peu à peu. La réforme juridique qu'il propose en espaçant les recours au duel, doit éliminer par désuétude ce moyen de preuve. Mais c'est surtout l'opinion qu'Agobard cherche à réformer et c'est pourquoi il insiste de mille manières sur l'absurdité, l'impiété, le caractère superstitieux des ordalies [7] tandis que, soucieux de construire, il propose, en re-

una omnes regerentur lege... valeret profecto multum ad concordiam civitatis Dei et aequitatem populorum. » *Adv. Leg. Gund.*, c. 14, P.L., CIV, col. 126.

« Charlemagne avait conçu le projet de faire rédiger toutes les lois existantes, d'y introduire de l'unité et aussi de les adoucir. Malgré quelques efforts heureux... il avait laissé une œuvre très imparfaite et dans tous les cas, il n'avait osé porter atteinte au vieux principe de la personnalité. » Kleinclausz, *op. cit.*, p. 275, note 1.

1. « Sed quia hoc grande sit et forsitan homini impossibile, saltem una haec de qua sermo est non solum ut inutilis sed etiam ut noxia de medio auferretur. » *Adv. Leg. Gund.*, *ibid.*, col. 126.

2. *Ibid.*, c. 7, col. 117. Agobard ne demande pas, comme on l'a dit (Grelewski, *op. cit.*, p. 43) que tous les habitants de l'Empire soient soumis à la loi franque ; il parle seulement des Burgondes.

3. Ita De Smedt, *Le duel judiciaire et l'Eglise*, Paris 1895, LXIX, n. 43. C'est absolument invraisemblable et il y a des preuves du contraire. Agobard cite le décret de Childebert et les conciles francs. P.L., t. CIV, col. 185-199. Leydrade a codifié la Loi franque et a laissé un code de cette Loi à l'Eglise de Lyon. (Cf. sa lettre à Charlemagne, P.L., t. XCIX, col. 871.)

4. Ita Chevallard, *op. cit.* Il exploite trop exclusivement le texte « inter Gundobados, apud quorum legem non licet discussione aut veracium testimonio causas terminare ». Nous l'avons vu, la loi burgonde n'exclut pas le témoignage.

5. Ita Grelewski, *op. cit.*, p. 43.

6. *Adv. Leg. Gundob.*, c. 5, P.L., CIV, col. 116.

7. Il se prononce en passant contre les ordalies par l'eau chaude et le fer rouge, mais il condamne encore plus fortement les duels « crudelia certamina ».

vanche les véritables moyens d'établir la bonne justice : discussion des causes, témoignage de toutes les personnes dignes de foi, intégrité des juges [1].

Agobard était trop en avance sur son siècle. Les principes qu'il invoquait étaient étrangers aux législations germaniques et ses efforts restèrent à peu près sans résultat [2].

Les Lois personnelles ne devaient pas tarder à disparaître comme le demandait Agobard, mais ce fut sous l'action de causes tout autres, que les hautes raisons invoquées par l'évêque de Lyon [3] et pour faire place, non pas à l'unité qu'il rêvait, mais à une multiplicité nouvelle, à base territoriale.

Quant aux jugements de Dieu, ils devaient rester longtemps encore en usage ; l'affaiblissement de l'autorité judiciaire, au cours du xe siècle, les favorisa. Le grand nombre de formules de cette époque qui nous sont parvenues [4], ne nous permettait pas de douter qu'on y recourût fréquemment.

1. On a pu remarquer qu'Agobard n'argumente pas en canoniste. Il se place au point de vue de la théologie spéculative ou de la théologie morale.

2. Hincmar dont l'influence allait être beaucoup plus grande, se déclara favorable aux épreuves judiciaires dans son *De Divortio Lotharii et Teutbergae* (P.L., t. CXXV, col. 625-772). Les conciles de Tribur (895) c. 15, C. II, q. V et de Seligenstadt (1022) c. 24, C. II, q. V. préfèreront l'opinion de Hincmar à celle d'Agobard. Cf. Grelewski, *op. cit.*, p. 54.

En revanche, les idées d'Agobard paraissent avoir été reprises par le concile de Valence (en 855) où se trouvait Rémi, son successeur au siège de Lyon (852-875). Le concile condamna les dispositions de la Loi Gombette sur le duel judiciaire comme contraires à la charité. Celui qui tuerait son adversaire au duel judiciaire serait traité en homicide et soumis aux mêmes pénitences canoniques que tout autre meurtrier. La victime coupable de s'être volontairement exposée, serait privée de sépulture religieuse et on ne ferait pas mémoire d'elle à la messe. (Mansi, *Ampl. Col.*, t. XV, col. 9, C. XI.)

C'est la première tentative officielle de l'Eglise Franque contre les épreuves judiciaires. Elle fut suivie de peu d'effet.

Louis le Pieux avait supprimé, en 816, l'épreuve de la croix et, en 829, celle de l'eau froide. Mais ce n'était pas sous l'influence des idées d'Agobard, c'était par respect pour la croix du Sauveur et pour le rite du baptême par immersion alors usité. (*Cap. Reg. Franc.*, *op. cit.*, t. I, p. 279, 25 et P.L., t. CXXV, col. 671.)

3. Les principales furent : 1° la fusion progressive des races réunies sous un même pouvoir politique et la difficulté de reconnaître la nationalité des personnes en l'*absence de tout état civil* ; 2° l'*ignorance des juges* débordés par la multitude des lois propres et s'en tenant volontiers à la coutume du lieu de leur juridiction ; 3° l'*interpénétration* par emprunts réciproques des différentes lois ; 4° la constitution d'un véritable droit commun par les *capitulaires généraux et les canons des conciles nationaux* applicables dans tout l'Empire ; 5° surtout l'*affaiblissement au cours du Xe siècle, de l'autorité de toutes les lois*, quelles qu'elles fussent (Droit romain, lois barbares, capitulaires, droit canonique) et l'établissement du régime féodal. Ce régime eut pour effet de répartir le pouvoir législatif entre une multitude de Seigneurs. Les coutumes qu'ils sanctionnèrent, tantôt plus germaniques, tantôt plus romaines, s'appliquèrent désormais à un territoire défini et à tous les habitants de ce territoire. Ainsi à la multiplicité que déplorait Agobard, succéda, non pas l'unité, mais une autre multiplicité, territoriale cette fois et non plus personnelle. Cf. Chénon, *Hist. Générale du droit français*, t. I, ch. I, p. 127 sqq.

4. *M.G.H. Leg.*, Sect. V, p. 604-725.

Le traité contre la Loi Gombette est, de notre point de vue, un des plus intéressants parmi les écrits d'Agobard parce qu'il nous éclaire sur sa conception de l'Empire ; les idées esquissées ici, nous les retrouverons sous-jacentes à tous ses écrits politiques [1].

Sur l'homme lui-même, le document est très instructif ; nous le voyons dominer par son bon sens et la justesse de ses idées, les préjugés de son temps. Hardi dans ses vues et très vigoureux dans son réquisitoire, il reste respectueux de la souveraine autorité impériale et soucieux de garder dans la pratique une juste mesure ; il distingue fort bien ce qui serait souhaitable et absolument bon, de ce qui est possible et dont il faut se contenter.

Le second traité contre les jugements de Dieu, *de divinis sententiis*, reprend les idées de la lettre à Louis le Pieux [2]. Agobard s'efforce, cette fois, de les appuyer par des paroles de l'Ecriture, en faveur de sa thèse.

Ces textes sacrés accompagnés d'un bref commentaire forment la principale partie du traité.

Dans les considérations préliminaires, Agobard paraît préoccupé d'une objection contre la providence.

« Il ne faut pas cependant penser, dit-il, que dans ces combats

1. A propos d'un passage du traité sur la loi Gombette (C. XII, P.L., t CIV, col. 122-123), dont il faut rapprocher un passage du traité *de dispensatione ecclesiasticarum rerum* (C. XX, P.L., t. CIV, col. 241), cf. *infra*, t, II, on a formulé contre Agobard l'*accusation de Gallicanisme.*

A quoi se réduit sa doctrine ? 1° les anciens synodes des Gaules ont une autorité réelle, nullement égale d'ailleurs à celle des Conciles Œcuméniques ; 2° dans le silence de ceux-ci, il vaut mieux les suivre que de s'en remettre à son jugement propre ; 3° la présence d'un délégué romain n'est pas nécessaire, pas plus d'ailleurs que celle d'un représentant de l'Empereur, pour que des Evêques réunis jouissent d'une véritable autorité ; 4° les Pontifes romains sont les premiers à le reconnaître puisqu'ils demandent aux évêques de se réunir deux fois par an.

Nous ne pensons pas qu'on eut cherché dans tout cela trace de Gallicanisme si le mot de « conciles gallicans » n'avait été prononcé. C'est attacher trop d'importance au bruit des mots.

On n'est pas mieux fondé à parler de Gallicanisme à propos de l'attitude d'Agobard dans la controverse des images. Cf. *supra*, p. 73.

Ampère (cité par Chevallard, *op. cit.*, p. 133) écrit : « l'opinion d'Agobard en cette circonstance fut pour ainsi dire ultra-gallicane et le fait mérite d'être relevé parce que plus tard, Agobard emporté par le mouvement des partis passa de ce gallicanisme ardent, dont on retrouve des traces dans plusieurs de ses écrits à l'enthousiasme le plus vif pour la cause de la Papauté. Il y eut alors partage dans l'épiscopat français. Agobard qui était du parti de la révolte fut ultramontain par situation, lui que son humeur altière portait au Gallicanisme... Il adressa au Roi Louis une petite lettre qui est un manifeste anti-gallican. » Le Gallicanisme n'a rien à voir dans la controverse. Il reste très vrai que lors du conflit entre l'Empereur et le Pape, Agobard se rangea très nettement du côté du Pape et fut, si l'on tient à l'anachronisme, ultramontain. Rien dans sa conduite antérieure ne s'y opposait.

2. *L. de divinis sententiis digestus, cum brevissimis adnotationibus contra damnabilum opinionam putantium divini judicii veritatem igne, vel acquis, vel conflictu armorum patefieri.* P.L., CIV, col. 249.

domestiques ou autres, un homme puisse périr sans la volonté de Dieu [1]. Car rien n'arrive au monde sans la volonté ou du moins la permission de Dieu. Tous nos cheveux sont comptés. Le meurtre des bons par les méchants, relève des jugements insondables de Dieu [2]. »

Ce traité n'ajoute pas grand'chose au précédent. Il arrive parfois que les idées y soient formulées d'une façon plus précise, ou plus complète, ou plus piquante [3].

Les deux autres traités contre les superstitions visent non plus des erreurs officielles, incorporées aux coutumes et aux Lois, mais diverses imaginations populaires.

Le premier « de Grandine et Tonitruis », est consacré à des fables « sur la grêle et le tonnerre », le second à diverses manifestations diaboliques, « de quorumdam illusione signoram [4] ». Il est adressé à Barthélemy, évêque de Narbonne, qui avait consulté l'évêque de Lyon sur des phénomènes singuliers.

Une brève analyse jettera une curieuse lumière sur la mentalité des ouailles d'Agobard.

Dans la région lyonnaise « presque tout le monde » dit-il, jeunes et vieux, à la ville et à la campagne et jusque dans la noblesse,

1. *Ibid.*, c. 4, col. 253.
2. *Ibid.*, c. 5, col. 254.
3. Si les choses cachées pouvaient être manifestées par des meurtres, par le fer ou par l'eau, on devrait décider de la vérité entre catholiques et hérétiques par de tels procédés, comme Gondebaud voulait le faire en insensé et en hérétique qu'il était, tandis que saint Avit le reprenait et le confondait (c. 6). P.L., CIV, col. 254.

Si Dieu avait voulu que le bon droit fût manifesté par des combats, il n'aurait pas commandé d'établir dans chaque ville des juges, de convaincre par des témoins ceux qui nient et si les témoins manquent de résoudre la contestation par le serment. (C.1.) Remarquer ce texte qui admet le serment, mais à défaut de témoins.

Ni la sagesse de Dieu, ni les sages, ni les juges, ni les magistrats n'auraient de raison d'être. (c. 6, col. 254.)

Il faut rechercher la sagesse divine par la prière et la lecture. (C. 3, col. 253.)

David aurait dû dire à Saül : prouve en me tuant que je suis coupable, ou du moins, fais chauffer du fer ou de l'eau que je toucherai de mes mains sans brûlure, ou bien : fais dresser une croix devant laquelle je me tiendrai debout immobile. (c. 1, col. 251.)

Dieu n'a jamais commandé ces pratiques et c'est une invention d'hommes insensés que l'on nomme jugements de Dieu. (c. 2, col. 251.)

Comme si Dieu devait se mettre au service des inimitiés et des inventions des hommes. Il faudrait qu'il change sa conduite aussitôt qu'une contestation s'élèvera entre les hommes ; qu'il s'agisse d'une parcelle de champ, de chevaux ou de porcs ou de tout ce dont disputeront des hommes cupides, ce qui est le fait d'infidèles non de disciples du Christ.

Il faudra qu'il indique la justice temporelle qu'on ne peut proprement appeler justice car elle ne rend personne juste. (Intéressant sur l'acception habituelle du mot dans la pensée d'Agobard.) (c. 2, col. 252.)

4. *L. contra insulsam vulgi opinionem de grandine et tonitruis.* P.L., t. CIV, col. 147.

Epistola ad Bartholomeum episcopum Narbonensem de quorumdam illusione signorum. P.L., t. CIV, col. 179.

est persuadé que la grêle et le tonnerre peuvent être provoqués par les incantations de certains hommes que l'on appelle « Tempestarii » [1].

Certains prétendent qu'il existe une région appelée « Magonia » d'où viennent, sur les nuages, des vaisseaux qui servent à emporter les fruits que la grèle et l'orage font tomber. Ceux qui les montent payent les *Tempestarii.*

Dans une assemblée, dit Agobard, nous avons vu amener enchaînés trois hommes et une femme accusés d'être tombés de ces vaisseaux et qu'on voulait lapider. A force de discours, ceux qui les dénonçaient furent confondus [2].

On prétend que les tempestarii rassemblent la grêle en un seul lieu, mais personne ne l'a jamais vu. Un homme qui s'était dit témoin du fait, pressé de questions, a fini par avouer qu'il n'avait pas vu les choses de ses propres yeux [3].

L'erreur est si répandue que, en beaucoup d'endroits, des malhonnêtes savent en profiter : ils se déclarent capables, non pas d'envoyer la tempête, mais d'en préserver. On leur donne une part des récoltes, qu'on appelle « canonicum », dont ils s'abstiennent eux-mêmes de verser la dime. On leur attribue même le pouvoir de conserver la vie de leurs clients [4].

Il y a quelques années, une épidémie s'étant abattue sur les bœufs, une folie s'accrédita : Grimaldi, duc de Bénévent, par inimitié pour l'Empereur Charles, avait envoyé des hommes qui répandaient dans les champs et les sources, une poudre empoisonnée. On arrêta et on mit à mort plusieurs hommes pour ce fait. Et ce qui est admirable, dit Agobard, c'est que plusieurs avouèrent. Le diable ayant eu pouvoir sur eux, par un juste et secret jugement de Dieu, leur faisait dire un faux témoignage contre eux-mêmes et la torture même ne les en faisait pas démordre [5].

« Nous avons rapporté cette affaire, conclut Agobard, parce qu'elle est analogue à celle dont nous parlons (celle des Tempestarii) et qu'elle est un exemple de la séduction des absurdités et de la diminution du bon sens [6]. » Excellente conclusion.

Mais Agobard n'est pas seulement attaché au bon sens, il l'est à la foi, et ce qui l'offense le plus dans ces sottises, c'est qu'elles attestent l'infidélité des âmes : *portio non minima infidelitatis* [7]. Il insiste sur le dogme essentiel du Dieu unique et tout puissant.

Ces hommes que l'on redoute, auraient-ils le vouloir de nuire, qu'ils n'en auraient pas le pouvoir [8]. Où trouveraient-ils ces

1. *De Grand. et Tonitr.* C. 1, P.L., CIV, col. 147
2. *Ibid.*, C. 2.
3. *Ibid.*, C. 7.
4. *Ibid.*, C. 15.
5. *Ibid.*, C. 16.
6. *Ibid.*, C. 16.
7. *Ibid.*, C. 15.
8. *Ibid.*, C. 5.

trésors de la grêle dont Job ignorait le lieu [1] ? Dieu seul est le maître des phénomènes de l'air et les saints eux-mêmes n'y peuvent rien que s'ils l'obtiennent de Dieu [2].

La lettre à Barthélemy de Narbonne est destinée à tirer cet évêque des incertitudes, dont il a fait part à Agobard [3] sur la conduite à tenir en présence de divers phénomènes d'apparence surnaturelle.

Dans l'Eglise où l'on vénère le corps de saint Firmin et dans divers autres lieux, certaines personnes sont prises de crises à la manière des épileptiques ou de « ceux que le vulgaire croit ou du moins nomme démoniaques ». On remarquera la réserve de l'évêque de Lyon et la prudence de son langage [4].

Ailleurs des hommes sont marqués comme de brûlures faites avec du soufre. Effrayés, ils font d'importantes offrandes aux sanctuaires où les phénomènes se produisent, « ce qui, déclare immédiatement Agobard, nous paraît absolument déraisonnable ». Il rappelle d'abord le grand principe constamment oublié par le peuple superstitieux : l'unique toute puissance de Dieu sans la permission duquel aucun homme ne peut être frappé. « C'est Dieu qui frappe et c'est lui qui guérit [5]. »

Il explique ensuite comment Dieu peut utiliser le ministère des anges ou même celui des démons [6]. Car Dieu peut permettre à ceux-ci d'exercer leur puissance même sur les saints. Ainsi Job fut-il livré au démon [7], ainsi saint Paul dut-il subir la persécution d' « un ange de satan » [8]. Il n'y a donc pas lieu de se troubler. Mais que les fidèles élèvent leur cœur vers Dieu dans la crainte, comme il faut le faire toujours quand nous sommes frappés ou que nous voyons les autres frappés par un fléau quelconque [9].

Ces gens qui courent aux églises pour y déposer toute sorte de présents, sont affolés par la peur. Ce n'est pas hasard, si la plupart de ceux qui sont atteints, sont des faibles, « des enfants,

1. *Ibid.*, C. 14.

2. *Ibid.*, C. 8. Agobard assigne d'ailleurs à la grêle comme à la neige une cause naturelle en même temps qu'il les rapporte à Dieu, ce qui ne fait pas de difficulté puisque Dieu est l'auteur de l'ordre de la nature : « Vere non alius mittit grandinem tempore aestatis nisi qui et nives tempore hiemis. Nam et utrisque una est ratio ut fiat quando nubes, utroque tempore, solito altius elevantur. »

3. Agobard associe à sa consultation Hildigise et Florus : « Reverendissimo ac dilectissimo Do et fratri Bartholomeo episcopo, Agobardus, Hildigisus et Florus... »

4. *Ep. ad Bartholom.*, c. 1, P.L., t. CIV, col. 179.

5. *Ibid.*, C. 2.

6. « ...potestatem domino tribuendam esse et malitiam diabolo : quam utique non accipit sed a semetipso habet : quod autem non habet accipit, id est potestatem. » C'est pourquoi son action peut être attribuée à Dieu : « Manus Domini tetigit me ». *Ibid.*, c. 2.

7. *Ibid.*, c. 9.

8. *Ibid.*, c. 6.

9. *Ibid.*, c. 11

des jeunes filles, des idiots [1]». Cette affluence aux sanctuaires, ces offrandes dictées par la peur et qui ne profitent pas aux pauvres n'honorent pas Dieu [2].

Il recommande le recours au sacrement des malades (qui est devenu notre Extrême-Onction), à la pénitence, à la prière, aux véritables aumônes, celles qui profitent aux malheureux sans gîtes et sans ressources, au lieu de ne servir qu'à l'enrichissement des sanctuaires.

On ne saurait allier plus de doctrine et de prudence à plus de charité.

1. *Ibid.* « Pueros ac puellas et hebetes ...eo quod sint exiguae fidei et vacui pondere rationis. »

2. *Ibid.*, c. 12. Et un peu plus haut « Melius facerent si sua pauperibus et hospitibus erogarent et ad presbyteros ecclesiae currerent, ungendi oleo, secundum preceptum evangelicum et apostolicum, cum jejuniis et orationibus. » Col. 184-185.

CHAPITRE VII

LA LUTTE CONTRE L'INFLUENCE DES JUIFS

I. Du baptême des esclaves juifs - II. Contre un précepte impie - III. De l'insolence des juifs IV. Des superstitions juives - V. Danger de la fréquentation des juifs

La polémique d'Agobard contre les juifs [1] a été diversement appréciée, en général d'une façon plutôt sévère [2]. Mais les sentiments personnels des historiens en matière d'antisémitisme

1. Agobard a laissé cinq lettres ou traités destinés à combattre l'influence des juifs.

Nous citerons ces divers traités selon les termes généralement retenus, par abréviation, pour les désigner.

Les titres ont été composés par Baluze, d'après Papire Masson, le premier éditeur d'Agobard (Paris, 1605), dont Baluze critique d'ailleurs l'excessive liberté, et d'après le ms. 2883 du fonds latin de la Bibliothèque nationale que l'un et l'autre prirent pour base de leur édition.

Voici, avec leurs titres complets, la liste de ces divers écrits dans l'ordre adopté par Baluze et reproduit par Migne : 1° *Ad eumdem imperatorem, de insolentia judaeorum* (Baluze, t. I, p. 59 ; Patr. lat., t. CIV, col. 69) ; 2° *Epistola S. Agobardi, Bernardi et Eaof episcoporum ad eumdem imperatorem, de judaïcis superstitionibus* (Baluze, t. I, p. 66 ; Patr. lat., CIV, col. 77) ; 3° *Agobardi epistola ad proceres palatii, consultatio et supplicatio de baptismo judaïcorum mancipiorum* (Baluze, t. I, p. 98 ; Patr. lat. CIV, col. 99) ; 4e *Epistola S. Agobardi exhortatoria ad Nibridium episcopum Narbonensem, de cavendo convictu et societate judaïca* (Baluze, t. I, p. 102 ; Patr. lat., t. CIV, col. 107) ; 5° *Epistola ad proceres palatii, contra praeceptum impium de baptismo judaïcorum mancipiorum* (Baluze, t. I, p. 192 ; Patr. lat., t. CIV, col. 173).

Simson (*Jahrbücher des frânkischen Reichs unter Ludwig dem Frommen*, t. I, p. 393) a donné une bonne chronologie de ces écrits :

1° *Consultatio et supplicatio ad proceres palatii de baptismo judaïcorum mancipiorum* : 822-825.

2° *Ad proceres palatii contra praeceptum impium* : entre le 2 janv 826 et 828, vraisemblablement 826.

3° *De Insolentia judaeorum* : 826-827.

4° *De Judaïcorum superstitionibus* : 826-827.

5° *Epistola ad Nibridium* : avant la fin de 828, mais après les nos 3 et 4.

Graetz (*Geschichte der Juden*, t. V, p. 223) et Baehr (*Geschichte des rômischen Literatur im karolingischen Zeitalter*, p. 383) proposent des dates différentes, mais qui n'ont rien d'assuré.

On retiendra plus volontiers les remarques de Hefele-Leclercq, *Histoire des conciles*, t. IV, p. 73.

Principaux ouvrages à consulter : Friedrich Wiegand, *Agobard von Lyon und die Judenfrage* (Leipzig, 1901) ; Robert Enge, *De Agobardi archiepiscopi Lugdunensis cum judaeis contentione* (Leipzig, 1888) ; Julius Aronius, *Regesten zur Geschichte der Juden im frânkischen und deutschen Reiche, bis zum Jahre* 1273 (Berlin 1887).

2. L'origine espagnole d'Agobard rendrait compte, selon certains, de son « antisémitisme ». « Il était naturel, écrit Wiegand, qu'un fils de l'Espagne éprouvât devant le juif la défiance traditionnelle et vit en lui un ennemi dangereux de l'Etat » (*Agobard von Lyon*..., p. 223). Il y a peut-être quelque chose de vrai. Notons toutefois que l'origine espagnole d'Agobard n'est pas certaine et qu'en tout cas il aurait passé en Gaule Narbonnaise dès l'âge de treize ans. Notons aussi qu'Agobard ne traite pas les juifs en ennemis de l'Etat mais de la foi. Il reste que la question juive était particulièrement grave en Espagne : cf. ci-dessous, ce qu'il dit lui-même du commerce juif des esclaves en Espagne.

exercent sur leur jugement une trop évidente influence [1]. En bonne critique, on ne peut pas exiger que, dans une société entièrement fondée sur l'unité de foi et dans laquelle la législation civile aussi bien que l'ecclésiastique assignaient aux juifs une condition spéciale, l'évêque de Lyon parte du principe de l'égalité des droits. Qu'on n'imagine pas d'ailleurs un haut seigneur d'Eglise abusant de son pouvoir contre une minorité opprimée. Ce n'est pas l'évêque, on va le voir, ce sont les Juifs qui bénéficient de l'appui des pouvoirs publics et de la faveur des grands. Observons enfin que, du côté du peuple, on ne trouve pas cette hostilité commune et ce mépris qui sont l'âme de tout mouvement antisémitique. A s'en tenir aux documents de l'époque, il apparaît que l'antisémitisme, à proprement parler, n'existe pas à Lyon au temps d'Agobard [2].

Si l'on veut écarter toute idée préconçue, l'attitude de l'évêque de Lyon apparaîtra dans cette affaire, non pas offensive, mais défensive, et d'ailleurs, d'un bout à l'autre, c'est lui qui aura nettement le dessous.

1. Théodore Reinach (*Agobard et les juifs*, dans la *Revue des études juives*, t. L (1905) p. LXXXI, donne à l'évêque de Lyon une bonne leçon de charité chrétienne et s'étonne que l'Eglise l'ait canonisé. De nombreuses contradictions tiennent à ce qu'il ne soumet pas son jugement aux faits qu'il constate. Quelques ex. : p. CVI, il proclame la mauvaise foi d'Agobard, après quoi il convient que les allégations de celui-ci sont exactes.

p. CXVI, il convient du danger pour les chrétiens des relations avec les juifs (bonne page sur la fragilité d'une foi encore neuve) et il condamne la haine aveugle qui pousse Agobard à exiger la séparation.

p. XCIX, il admet que Louis le Pieux s'appuyait sur la législation de l'Eglise, et il remarque que l'Empereur ne cite pas le moindre canon. Il est lui-même incapable d'en alléguer aucun.

p. LXXXIII, Agobard est « une figure curieuse et renfrognée d'antisémite d'il y a mille ans » et trois lignes plus bas, un type « de prélat instruit et réformateur », etc...

Freidrich Wiegand déplore qu'un si grand esprit ait pu se laisser entraîner à des déclarations et à des démarches « qui le mettent aux côtés des plus brutaux antisémites de tous les temps... On devait attendre de la part d'un théologien qui, comme l'archevêque Agobard de Lyon, disposait d'un respectable trésor de connaissances naturelles et qui, avec une louable sévérité, s'opposait à la superstition de la masse, quelque chose de mieux que des complaintes sur les turpitudes de ses concitoyens juifs et des écrits incendiaires, exigeant une exécution très stricte des lois dirigées contre les juifs » (*Agobard von Lyon*, p. 221). Dans le corps de l'article, Wiegand est amené d'ailleurs à tempérer constamment ce jugement.

2. Notre opinion n'a d'ailleurs sur ce point rien d'original ; cf. Vernet dans le *Dictionnaire apologétique*, t. II, col. 1652 : «... les chrétiens, livrés à eux-mêmes, n'étaient pas hostiles aux juifs ; ni aux origines du christianisme, ni dans le Haut Moyen Age, il n'y eut antipathie réciproque. » On ne trouve trace dans les écrits d'Agobard d'aucune des traditionnelles accusations populaires : usure, trahison, magie, sacrilège et crime rituel. On trouverait certes, dans le Haut Moyen Age quelques bagarres entre chrétiens et juifs (cf. Parkes, *the conflict of the church and the Synagogue)*, mais n'en trouverait-on pas et davantage encore entre chrétiens ?

I

Du baptême des esclaves juifs

Le premier des écrits d'Agobard contre les juifs est une lettre à Adalard, Wala et Helisachar[1] : *De Baptismo judaïcorum mancipiorum.*

Agobard avait rencontré ces grands personnages au plaid d'Attigny de 822 où lui-même avait pris la parole, sur la question des biens de l'église, sans que sa manière de voir reçut l'approbation du plus grand nombre[2] : Adalard et Hélisachar, qui présidaient, ne lui avaient été favorables qu'à demi, Wala, semble-t-il, davantage[3]. Abogard leur avait parlé de ses difficultés avec les juifs de Lyon et les avait priés de présenter sa cause à l'empereur : l'accueil n'avait été rien moins qu'encourageant[4].

Rentré à Lyon, Agobard se ressaisit et écrit à ceux qu'il tient pour ses protecteurs au palais. Il leur demande une décision sur un point précis : que doit-il faire si des esclaves païens, appartenant à des Juifs, vivant chez eux, demandent le baptême ? Peut-on le leur donner sans le consentement de leurs maîtres[5] ?

Par crainte de représailles, Agobard n'ose agir sans être couvert par l'autorité souveraine[6]. Mais, quant à lui, la solution ne fait pas de doute. Tout homme, dit-il, est une créature de Dieu, fût-il esclave. Dieu conserve plus de droits sur lui que celui qui, ayant donné vingt ou trente sous, jouit du service de son corps.

Les apôtres n'ont pas demandé, pour baptiser les esclaves, la permission de leurs maîtres de chair, mais sachant que maîtres et esclaves avaient un seul Seigneur, Dieu dans le ciel, ils les baptisèrent tous, leur enseignant « qu'ils étaient tous frères et fils de Dieu, de telle sorte cependant que chacun demeurât dans l'état où il était lorsqu'il fut appelé » (1 Cor., ch. VII, vers. 20).

La raison montre enfin qu'il est impie et cruel de repousser, à cause de son maître, un païen qui se réfugie dans le Christ, car il n'y a aucun autre maître pour une âme humaine que le Créateur.

Agobard ajoute un argument « ad hominem » : nous louons l'Empereur, dit-il, de ce qu'il soumet au Christ les peuples qu'il a vaincus et nous voudrions que, parmi ses propres sujets, des

1. *De Baptismo judaïcorum mancipiorum* (*Patr. lat.*, t. CIV, col. 99).
2. Sur le plaid d'Attigny et l'attitude d'Agobard, cf. Mgr LESNE, *Histoire de la propriété ecclésiastique*, t. II, fasc. I, p. 157.
3. WALA reprendra les thèses d'Agobard sur les biens d'Eglise (cf. LESNE, op. cit., p. 162-163) et surtout il liera avec Agobard une solide alliance politique. Le second appel d'Agobard aux *Proceres palatii* lui est encore adressé en même temps qu'à Hilduin.
4. *De Baptismo judaïcorum mancipiorum*, *P. L.*, t. CIV, col. 101.
5. *De Baptismo judaïcorum...*, *P. L.*, t. CIV, col. 102.
6. *De Baptismo judaïcorum...*, *P. L.*, t. CIV, col. 106.

hommes qui désirent le baptême, soient maintenus hors de l'Eglise [1] ?

La force des raisons alléguées par l'évêque, la hauteur de ses vues ne paraissent pas contestables. Il est à remarquer qu'il n'argumente pas en canoniste. Encore qu'il connaisse bien la législation qui régit la matière [2], il n'invoque pas les lois. Il parle en pasteur et en théologien. Le règne du Christ, le salut des âmes, voilà la raison dernière qui doit trancher de la justice.

Il ne perd pas de vue pour autant les légitimes intérêts des Juifs. « Nous ne voulons pas, dit-il, que les juifs perdent la somme qu'ils ont versée pour acquérir l'esclave. Nous leur avons offert une indemnité, conformément aux anciens règlements, mais ils ne l'acceptent pas, comptant sur l'appui des magistrats du palais [3]. »

Les règlements anciens auxquels se réfère Agobard, sont, selon toute vraisemblance, les canons du concile de Mâcon (581) [4]. Le canon XVI° fixe à douze sous le prix du rachat « *pro quolibet bono mancipio* ». On s'est demandé si ce prix n'était pas très inférieur au prix marchand de l'esclave [5], de sorte que, en dépit des apparences, il y aurait eu dommage réel pour le propriétaire juif.

La question ne nous paraît pas admettre de solution certaine. Il est vrai qu'Agobard parle de vingt ou trente sous, payés sur le marché pour l'acquisition d'un esclave, et non pas de douze sous selon le tarif du concile de Mâcon. Mais de son temps, il n'y a plus de monnaie d'or, et c'est de sous d'argent qu'il s'agit, tandis que, en 581, les Pères du concile de Mâcon comptaient par sous d'or [6]. De plus le texte ne permet pas d'affirmer qu'Agobard ait exactement proposé l'indemnité fixée au concile de Mâcon : il ne chiffre pas son offre et son allusion à l'ancienne règle paraît être une simple référence au principe de la juste

1. *De Baptismo judaïcorum*.., *P. L.*, t. CIV, col. 103-104.
2. Voir son traité *De judaïcis superstitionibus*.
3. *De Baptismo judaïcorum mancipiorum*, *P. L.*, t. CIV, col. 105. Quoi qu'en pense Wiegand, il ne s'agit pas de savoir si la « Loskaufungs theorie » est en elle-même justifiable (Wiegand, *Agobard von Lyon*, p. 242). Agobard la trouve toute faite, admise dans le droit et la prend comme telle.
4. Concile de Mâcon, dans Mansi, *Concilia*, t. IX, col. 934.
5. On peut supposer que ce prix forfaitaire avait été fixé, par le concile de Mâcon, plutôt bas pour faciliter aux chrétiens la pratique du rachat. Malgré tout, la somme était importante à réaliser en espèces et la pratique du rachat devait être rare. Une phrase du *Contra praeceptum* paraît bien d'ailleurs indiquer que Agobard considère le rachat non point comme un avantage pour lui, mais bien comme une charge dont il ne s'acquitte que par devoir. Il est d'ailleurs tout prêt à payer la somme nécessaire en considération de l'immense bienfait spirituel ainsi procuré (*Contra praeceptum*, *P. L.*, t. CIV, col. 178).
6. Wiegand (*Agobard von Lyon*, p. 240) ne distingue pas entre sous d'or et d'argent et il semble croire qu'Agobard offrait 20 ou 30 sous alors qu'il s'agit là du prix payé par l'acquéreur juif. Cf. *De Baptismo* : « *...quam illum qui vigenti aut trigenta solidis datis, fruitur corporis ejus servitio.* » (*P. L.*, t. CIV, col. 103.)

estimation. On ne voit pas d'ailleurs que la contestation ait porté sur le taux de l'indemnité, mais sur le principe même du droit au baptême et au rachat. Telle est la question centrale.

Au cours de l'exposé, nous trouvons à glaner d'utiles informations. Les juifs disposent de puissantes protections au palais et ils s'en vantent [1]. Ils ont à Lyon un chef investi d'une fonction officielle : le *magister judeorum*. Agobard l'accuse d'être la cause de toutes les difficultés et de n'avoir pas voulu, malgré les ordres qu'il avait reçus, le laisser remplir son ministère [2]. « Rien ne serait arrivé s'il avait voulu agir raisonnablement. »

Nous voyons enfin que les juifs sont redoutés de l'évêque auquel ils font subir mille sortes d'hostilités jusque dans sa maison. Agobard doit se mettre en face de ses plus grands devoirs pour trouver le courage de passer outre à leurs menaces [3].

II

Contre un précepte impie

L'évêque demandait une réponse précise. Il l'eut. Mais ce ne fut pas celle qu'il attendait. Dans une lettre à Wala et Hilduin [4] *contra praeceptum impium de baptismo judaïcorum mancipiorum*, nous le voyons en effet se plaindre de ce que les juifs se vantent partout d'avoir obtenu de l'empereur un rescrit faisant défense à quiconque de baptiser leurs esclaves sans leur permission.

Agobard refuse de croire à l'authenticité de la pièce : « Il n'est pas possible, écrit-il, que le très chrétien et très pieux empereur ait pris une décision si contraire aux lois de l'Eglise, comme d'ailleurs à toute la pratique apostolique [5]. »

1. *P. L.*, t. CIV, col. 101 : *Contra eos qui quaerelas judaeorum astruebant* ; col. 105 : *puntantes sibi favere magistratus palatii*. Cf. *Deploratoria de injusticiis.*
2. *P. L.*, t. CIV, col. 105.
On n'a pas pu établir exactement quelles étaient les fonctions du « magister judaeorum ».
Aronius, *op. cit.*, p. 40., suppose qu'il s'agit du « Maître des marchands », dont il est question dans d'autres textes et qui ne serait pas un juif.
Manitius, *op. cit.*, p. 382, le prend simplement pour le rabbin, ce qui est peu probable.
Stobbe, 198, tient le magister judaorum pour un fonctionnaire local qui avait à exercer dans Lyon la protection de l'Empereur sur les juifs.
Waitz 3, 549 et Simson, Ludw. d. From. 1. 396. Nº 4 pour un fonctionnaire de tout l'Empire.
Il est, apparemment, soumis aux hauts fonctionnaires ; ses pouvoirs ne sont pas grands car il ne peut rien faire de plus en face d'Agobard que de le menacer d'appeler des *Missi* et ce n'est pas à lui mais aux *missi* et au comte que l'Empereur remet la défense des juifs.
3. *P. L.*, t. CIV, col. 106.
4. *Epistola ad proceres palatii, contra praeceptum impium de baptismo judaïcorum mancipiorum* (*P. L.*, t. CIV, col. 173 et suiv.).
5. *P. L.*, t. CIV, col. 175-176.

En réalité, l'authenticité de la réponse n'est pas douteuse. On peut se demander seulement s'il y eu un rescrit général qui ne nous serait pas parvenu, ou si les juifs firent simplement état de ces lettres personnelles de protection qui leur furent concédées par l'empereur et dont nous possédons plusieurs formules. Ces lettres portent, en effet, la défense de baptiser les esclaves des juifs sans le consentement de leurs maîtres [1].

Il y avait bien réellement quelque chose d'étrange et même de scandaleux à l'époque, dans l'attitude de l'empereur. Aucun dogme n'était plus fondamental que l'universalité du salut dans le Christ. Tous les hommes sans aucune distinction y étaient appelés, et, par suite aucune puissance humaine, aucune loi,

1. ROZIÈRE, *Recueil des formules*, Nos 27 et 28, M. G. Leg. Sect. V, p. 309-310.

Louis le Pieux prend sous sa protection deux juifs : rabbi Domatus et son neveu Samuel. Art. 3. « ...liceatque eis secundum legem eorum vivere et homines Christianos ad eorum opera facienda locare, exceptis festis et diebus dominicis. Habeant etiam licentiam mancipia peregrina emere et infra imperium nostrum vendere. »

Art. 5. ...Suggesserunt etiam iidem judaei celsitudini nostrae de quibusdam hominibus qui contra christianam religionum suadent mancipia haebreorum sub autentu christianae religionis contemnere dominos suos et baptizari, vel potius persuadent illis ut baptizentur, ut a servitio dominorum suorum liberentur ; quod nequaquam Sacri canones constituunt, immo talia perpetrantes districta anathematis sententia feriendos dijudicant ; et ideo volumus, ut neque vos ipsi praedictis haebreis hoc ulterius facere praesumatis neque juniores vestros ullis facere permittatis certumque teneatis quia qui cumque hoc perpetraverit et ad nos, delatum fuerit, quod absque sui periculo et rerum suarum damno evadere non poterit.

La lettre de protection accordée aux juifs David, Joseph et autres « habitantes in Lugduno civitate » porte plus simplement à l'art. 3 : « ...et nemo fidelium nostrorum praesumat eorum mancipia peregrina sine eorum consensu ac voluntate baptizare. » Rosière, No 28.

Cette lettre est presque certainement en rapport avec l'affaire d'Agobard.

Ces lettres de protection ont, sans doute, été octroyées en grand nombre puisque les collections de formules en ont recueilli les modèles.

Les termes de la lettre de protection de Louis le Pieux à Rabbi Domat font une évidente allusion à ceux du concile de Gangre. En réalité, ce Concile de la 2e moitié du IVe siècle (Mansi, ampliss., coll. II. 1106) menace de l'anathème quiconque pousse un esclave chrétien à mépriser par orgueil et à abandonner son maître.

« Si quis servum, praetextu divini cultus, doceat dominum contemnere proprium ut discedat ab ejus obsequio nec ei cum benevolentia et omni honore deserviat, anathema sit. » Can. III (Cf. Concil. Chalcedonense, can. 4 et S. Chrysostom. hom. 4).

Il s'agit donc de tout autre chose que du droit au baptême des esclaves au service de païens ou de juifs. Le concile soutient simplement la conception de l'Eglise aux temps constantiniens, que la condition de l'esclave n'est pas incompatible avec la profession chrétienne et que le baptême ne l'affranchit pas de ses devoirs envers son maître.

Ce concile n'a jamais été considéré comme faisant obstacle à toute la législation dont se réclame Agobard.

Manitius fait une erreur complète quand il suppose que Agobard demande que l'on change la législation en vigueur par égard pour la Sainte Ecriture. (*Op. cit.*, p. 382 *sub fine.*) Agobard soutient au contraire, de toutes ses forces, le droit en vigueur auquel le concile de Gangre ne contredit pas.

aucune défense ne pouvait barrer la route à l'Evangile. Comment admettre que ce christianisme universel qui avait surmonté la résistance même des empereurs romains fut limité par l'avarice et la jalousie de riches juifs et cela avec la complicité d'un empereur chrétien [1] ?

« Très chrétien » et même « très pieux », Louis l'était assurément. Mais il était aussi très faible de caractère et beaucoup trop docile aux pressions de son entourage. Au cours de son règne, il prit à maintes reprises des décisions bien autrement graves, sans plus d'égard au bien public, comme par caprice, ou plutôt sous l'influence d'un groupe de conseillers eux-mêmes inféodés à l'impératrice Judith.

Dans l'espèce, la décision de l'empereur paraît bien prise sous la pression de la même coterie et en l'absence complète de toute référence aux principes. Sans doute, l'impératrice avait-elle besoin de marchands juifs pour le luxe de sa cour [2]. En tout cas, ce n'est certainement pas sans son aveu que les grandes dames du Palais, y compris des princesses du sang royal, envoyaient des présents aux femmes des riches négociants juifs de Lyon [3]. Ces cadeaux entre femmes sont peut-être le signe le plus notable de l'extrême faveur des juifs. Ils attestent que leurs relations avec la cour ne se limitaient pas aux stricts rapports d'affaires, entre hommes. Juifs et juives, étaient admis aux relations de société avec la plus haute aristocratie de l'Empire.

Judith était alors toute puissante et quiconque voulait faire carrière réglait sa conduite sur ses moindres gestes. C'est par allusion à cet état de choses, qu'Agobard s'adresse à Hilduin et à Wala comme étant presque les seuls du Palais à guider encore l'empereur dans les voies de Dieu [4]. A ces bons conseillers, l'évêque de Lyon rappelle les principes, ceux qu'il a exposés dans sa première lettre et il les prie d'intercéder auprès de l'empereur « pour que ces âmes dont le troupeau des fidèles aurait pu s'accroître et pour le salut desquelles, aux jours de la Passion, toute l'Eglise fait entendre ses supplications, ne restent pas enveloppées dans les filets du démon du fait de la dureté d'hommes infidèles et ennemis de Dieu » [5].

Il rappelle qu'il est toujours prêt à payer le prix du rachat convenable et qu'il est opposé à ce qu'on enlève de force aux juifs leurs esclaves [6] ou leurs enfants.

Ces propositions n'eurent aucun succès et l'affaire rebondit.

1. Cf. Wiegand, *Agobard von Lyon*, p. 240.
2. Remarquer dans la formule d'immunités accordée aux juifs de Lyon. David et Joseph une allusion directe à leurs relations d'affaires avec le Palais « *et partibus palatii nostri fideliter desrvire* ». M. G. Leg. V, p. 310 l. 18.
3. *De Insolentia judeaorum*, *P. L.*, t. CIV, col. 74.
4. *P. L.*, t. CIV, col. 175.
5. *P. L.*, t. CIV, col. 178.
6. *P. L.*, t. CIV., col. 178. Ceci est une allusion à la loi du roi Reccared que le concile de Tolède de 589 avait entérinée.

III

De l'insolence des juifs

Agobard se plaignait entre autres choses, que le *magister judaeorum* le menaçât de faire venir des *missi*. La menace n'était pas vaine ; ils vinrent en effet, et ce fut un triomphe complet pour les juifs [1].

Dans un traité en forme de supplique à l'empereur, *De Insolentia judaeorum*, Agobard nous montre les chrétiens abattus, plusieurs obligés de s'enfuir ou de se cacher [2], des prêtres personnellement mis en cause n'osant paraître devant les *missi* [3]. Quant à lui, il s'était absenté, sous le prétexte plausible d'une visite canonique au monastère de Nantua. De là, il envoya aux missi une lettre de soumission complète à leur autorité, mais sans parvenir à se les concilier [4]. C'est en désespoir de cause qu'il s'adresse à l'empereur lui-même.

L'empereur est toujours supposé bon et dévoué à la cause juste. Agobard refuse encore de croire que les capitulaires dont sont munis les missi aient été, tels quels, approuvés par lui [5].

Que pensait-il réellement des sentiments de Louis ? Gardait-il quelque confiance en sa bonne volonté ? Il restait en tout cas persuadé que ce malheureux prince était mal conseillé, mal entouré : il craint, dit-il, que sa lettre ne soit interceptée [6], il sait qu'il est très dangereux pour lui de l'écrire [7]. Qu'importe ? Fidèle à son devoir il expose les faits à l'Empereur.

D'abord la persécution qu'il subit du fait des juifs, de leur *magister* Evrard et enfin des *missi* Gerric et Frédéric [8]. Il énumère ensuite les mesures qu'il a prescrites contre les juifs et qui lui valent ces attaques :

1° Que les chrétiens ne vendent pas aux juifs des esclaves chrétiens ;

2° Que l'on ne permette pas aux juifs de vendre en Espagne des esclaves chrétiens ;

3° Ni d'avoir pour domestiques à gages des chrétiens, de peur que des femmes chrétiennes n'observent avec eux le sabbat et

1. *De Insolentia judaeorum* (*P. L.*, t. CIV, col. 71) : « His causis laetificati sunt judaei ultra modum. »
2. *P. L.*, t. CIV, col. 71.
3. *P. L.*, t. CIV, col. 72.
4. *P. L.*, t. CIV, col. 72.
5. *P. L.*, t. CIV, col. 71. De même 74 : « continentia verba, ut putamus non vera ».
6. « Nesciens utrum pervenire possit ad vestram notitiam » (*P. L.* t. CIV, col. 74.
7. *P. L.*, t. CIV, col. 70.
8. *P. L.*, t. CIV, col. 70 et 71.

ne travaillent le dimanche, ou qu'elles ne mangent avec eux en temps de carême et que les autres mercenaires, ces mêmes jours ne mangent aussi de la viande ;

4° Que nul chrétien n'achète des viandes abattues et écorchées par les juifs et ne les revende à d'autres chrétiens ;

5° Qu'on ne boive pas du vin préparé par les juifs [1].

Seules ces deux dernières dispositions n'ont pas d'antécédent dans la législation canonique. Agobard les justifie par le fait que les juifs vendent aux chrétiens des produits de rebut [2]. Il ne fait, en somme, qu'appliquer le principe général qui a inspiré d'abord l'interdiction canonique des repas en commun : que le chrétien ne paraisse pas inférieur au juif qui tire avantage de l'observance de toutes les pratiques de la Loi et de l'abstinence des aliments impurs.

Sur les dangers de ces repas en commun, Agobard insiste longuement et il invoque la fidélité que l'on doit à son Seigneur pour faire comprendre aux hommes qu'ils ne doivent pas s'asseoir à la table de ceux qui sont ennemis de leur Seigneur, le Christ [3]. Car les juifs, dit-il, blasphèment ouvertement et maudissent tous les jours le Christ et les chrétiens dans leurs prières [4].

Vient ensuite le tableau des faveurs dont les juifs se prévalent pour en imposer à des chrétiens trop simples et les attirer au judaïsme : ils se vantent de vous être chers à cause des patriarches, d'être reçus avec honneur en votre présence. Des personnages considérables, disent-ils, demandent leurs prières et leurs bénédictions et leur envient leur législateur. Ils affirment que vos conseillers sont irrités et qu'ils leur ont remis une somme importante pour acheter de leur vin. Rien, au surplus, dans les canons ne prescrit aux chrétiens de s'abstenir de leurs aliments. Ils montrent avec fierté les diplômes revêtus de votre sceau, les présents faits à leurs femmes par les dames du Palais. Ils étalent la gloire de leurs ancêtres. Enfin ils obtiennent, contre la loi, de construire de nouvelles synagogues, et les *missi*, pour leur faciliter l'observation du sabbat, ont déplacé les marchés du Samedi au Dimanche, non sans dommage pour les chrétiens [5], surtout pour les habitants des campagnes qui venaient à la ville faire leurs achats le Samedi, assistaient le soir aux première vêpres puis aux matines et regagnaient leurs terres après la messe du Dimanche.

Agobard demande à l'empereur de mettre fin à ces faveurs qui accréditent le bruit qu'il préfère les juifs aux chrétiens eux-

1. *P. L.*, t. CIV, col. 72 et 73.
2. *P. L.*, t. CIV, col. 75. Haec tanquam immunda et a judaeis repudiata christianis venduntur et insultario vocabulo christiana pecora appellantur ».
3. *P. L.*, t. CIV, col. 75.
4. *P. L.*, t. CIV, col. 72 et 75
5. *P. L.*, t. CIV, col. 75.
6. *P. L.*, t. CIV, col. 72.

mêmes [1] et qui ne sont pas sans péril pour la foi [7]. Les gens du peuple en viennent à dire, en effet, que « les juifs parlent mieux que leurs prêtres [2]. »

Pour éclairer la religion de l'empereur et lui montrer en quelle défiance on doit tenir les juifs, l'évêque de Lyon, avec plusieurs de ses confrères, a préparé un ouvrage dont il annonce l'envoi. L'empereur y verra l'authentique tradition de l'Eglise en cette matière [3].

IV

Des superstitions juives

Cet ouvrage semble bien pouvoir être identifié avec le traité *De Judaïcis superstitionibus* [4]. L'évêque de Vienne Bernard et celui de Chalon Eaof, ont collaboré à sa rédaction. Il est possible que leurs diocèses fussent compris avec celui de Lyon dans la circonscription des *missi* [5].

1. *P. L.*, t. CIV, col. 74.
2. *P. L.*, t. CIV, col. 75.
3. *P. L.*, t. CIV, col. 75 et 76. Agobard avait fini sa lettre quand survint un incident qu'il rapporte en une sorte de post-scriptum.

Un fugitif arrive de Cordoue. Il raconte qu'il a été volé il y a vingt-quatre ans, étant encore petit enfant, par un juif de Lyon, et vendu ; qu'il s'est enfui cette année avec un autre esclave qui, de même, avait été volé à Arles, il y a six ans par un autre juif. « Nous avons cherché pour celui qui était de Lyon, des gens qui le connussent, et nous en avons trouvé et certains nous ont dit que d'autres enfants avaient été volés par ce même juif, que d'autres avaient été achetés et vendus et que cette année même un enfant avait été volé et vendu par un autre juif. On a alors découvert que des (enfants) chrétiens étaient vendus par des chrétiens et achetés par des juifs qui commettaient toutes sortes d'horreurs qu'il serait honteux d'écrire. » Agobard a-t-il composé à plaisir cet incident dramatique ? C'est possible, cependant les faits allégués sont vraisemblables. Le commerce des esclaves donnait certainement lieu à des abus de ce genre. On voit dans d'autres textes que le trafic qui se faisait avec l'Espagne, c'est-à-dire avec les Sarrasins, était particulièrement suspect. Que les trafiquants de chair humaine fussent les pourvoyeurs de la débauche, c'est également vraisemblable. On trouve dans d'autres textes la même imputation. Gfroerer (*Zur Geschichte deutscher Volksrechte*, t. II, p. 42) entend ce texte de la circoncision, l'interprétation nous paraît fausse. Cf. Aronius, *Regesten...*, p. 36.

4. *Epistola S. Agobardi, Bernardi et Eaof episcoporum ad eumdem imperatorem de judaïcis superstitionibus* (*P. L.*, t. CIV, col. 77.)

Le *de insolentia* et le *de judaïcis superstitionibus* ont été probablement écrits en 829 au cours d'un concile tenu à Lyon. cf. Mansi XV append., p. 441-446. P.L., t. XCVII, col. 592 *P. L.*, t. CIV, col. 13, Saint-Bernard (ou Barnard) de Vienne, né en Lyonnais, vers 778, fonde vers 799 le monastère d'Ambronay dont il devient abbé vers 806 ; évêque de Vienne en 810, il fonde l'abbaye de Romans vers 837 ; mort en 842.

Eaof : Baluze l'identifie avec un évêque de Chalon qu'on trouve mentionné dans divers documents de l'époque sous les noms de Faova, Fova et Favo ; il écarte à juste titre l'identification avec Ebbon proposée par Papire Masson.

5. Simson, *Jahrbücher des fränkischen Reichs*, t. I, p. 395.

Le titre n'est pas des mieux faits : on ne trouve sur les « Superstitions » des juifs qu'un passage assez court [1]. L'ensemble est une

1. Fin du ch. IX et ch. X (*P. L.*, t. CIV, col. 86, 87 et 88).

Quelques indications sommaires permettront de s'orienter dans ce long traité.

I. Exorde à l'Empereur.
II. *Saint Hilaire* évitait juifs et hérétiques. Saint Ambroise force l'Empereur à abolir son décret obligeant les chrétiens à refaire une synagogue par eux détruite.
III. Saint Cyprien et saint Athanase. Quorum fides... omnes ecclesiarum gallicanarum... gubernatores secuti.
IV. Avitus, S. Apollinaris, etc... Synodus Epaon., interdiction de participer aux repas.
V. S. Césaire d'Arles. Concil. Agath. *id.*
VI. Priscus de Lyon, etc. Concil. Matisc. Défense aux juifs d'être juges ou percepteurs, de sortir en semaine sainte, défense aux chrétiens de partager leurs repas, règles d'émancipation de leurs esclaves, etc...
VII. S. Lupus. Concil. III Aurelian, défense de sortir en semaine sainte. Concil. Laodicen. et Concil. I. Aurelian.
VIII. Horreur de saint Jean pour Cérinthe, de saint Polycarpe pour Marcion.
IX. C'étaient des hérétiques non des juifs. Mais 1° tous les hérétiques alors étaient juifs ; 2° la raison qui oblige à fuir les hérétiques, leur haine de la vérité, vaut *a fortiori* pour les juifs. Plus que tous, ils maudissent le Christ.
X. Superstitions talmudiques.
XI. Nécessité d'une séparation selon des textes de Zacharie, saint Paul, les Ev.
XII. Exemple du Christ prêchant d'abord aux juifs, puis se tournant vers les gentils. Même méthode chez saint Paul.
XIII. Suite de la méthode de saint Paul.
XIV. Id. S. Paul loge toujours chez les chrétiens.
XV. Ex. de saint Pierre, il ne loge chez Corneille qu'après l'avoir baptisé, ne mange pas avec les chrétiens gentils par respect des lois alimentaires juives.
XVI. Ex. de saint Clément écarté par saint Pierre de sa table tant qu'il ne fut pas baptisé.
XVII. Peut-on croire que les Apôtres aient mangé avec les juifs dont ils se plaignent tant. Citation de saint Paul.
XVIII. De même pour l'Eglise de Judée. Saint Jean défend même de saluer les infidèles.
XIX. Saint Jean recommande de discerner les esprits. Les juifs ont celui de l'Antéchrist. Qui aurait table commune avec l'Antéchrist ! (Vae tibi Corozain à rattacher au ch. suivant.)
XX. Ayant entendu le Christ, ils sont sans excuse : Vae Corozain. Cum immundus Spiritus. Melius fuerat non cognoscere viam justitiæ.
XXI. En vain on les déclare supérieurs aux chrétiens comme descendant des patriarches. Les Sarrasins et Africains descendent bien d'Abraham par Agar.
XXII. « Ejice ancillam » appliqué à la synagogue et à l'Eglise « vos ex patre diabolo estis ».
XXIII. Ne pas les honorer pour leur richesse, mais leur dire anathème selon l'apôtre. Si l'on se lie avec eux on participe à l'anathème.
XXIV. Ne pas manger avec eux. Ex. d'un prophète châtié, de Daniel, du Seigneur, de saint Pierre.
XXV. Malédictions dont Dieu a frappé les juifs. Moïse les avait menacés.
XXVI. Id.
XXVII. Concl. Que l'Empereur fasse traiter le sujet dans toute son ampleur par les plus savants de son Palais.

dissertation tendant à établir qu'il faut s'abstenir de fréquenter les juifs. Les auteurs s'appuient, comme il convient pour établir la pensée de l'Eglise, sur la doctrine des Pères, les décisions des conciles, les paroles de la Sainte Ecriture. Les textes sont généralement bien choisis [1], la législation conciliaire n'est pas complète, à beaucoup près, et d'ailleurs ne prétend pas l'être [2].

Le principal intérêt de ce long traité tient dans le passage consacré aux croyances superstitieuses des juifs. On a prétendu que Agobard avait ici ramassé sans aucune critique toute sorte de propos plus ou moins diffamatoires [3]. On y a vu la preuve de la passion violente qui l'aveuglait [4]. C'est régler beaucoup trop vite une question délicate et qui demande une minutieuse enquête.

Voici en bref ce que rapporte Agobard [5]. Les juifs croient que Dieu a un corps dont les diverses parties lui servent à faire tels ou tels actes. Le corps de l'homme est à l'image de celui de Dieu, à cette exception près que les doigts de Dieu sont rigides et ne peuvent plier parce qu'il ne travaille pas de ses mains. Dieu siège sur un trône, comme les rois de la terre, dans un immense palais. Dieu pense beaucoup de choses vaines et superflues qui ne peuvent se réaliser et deviennent des démons.

Les lettres de l'alphabet sont éternelles. Avant l'origine du monde elles ont obtenu divers ministères auxquels elles président dans le cours des temps. La loi de Moïse était écrite longtemps avant la création du monde. Il y a plusieurs terres, plusieurs enfers, plusieurs ciels. Celui qui se nomme Racha soutient les meules qui servent à moudre la manne dont se nourrissent les anges. Celui où Dieu réside se nomme Araboth. Dieu a sept trompettes dont l'une mesure mille coudées. Il n'est pas une phrase de l'Ancien Testament, conclut Agobard, à laquelle leurs anciens n'aient ajouté des commentaires mensongers qui deviennent à leur tour objet de gloses superstitieuses.

A ces spéculations théologiques, les juifs ajoutent des attaques contre la foi chrétienne. Ils ont composé une vie de Jésus qui n'est qu'un tissu d'inventions outrageantes ; ils blasphèment et maudissent dans leurs prières le Christ et son Eglise.

Que faut-il penser de tout cela ? Les croyances attribuées aux

1. Wiegand reproche à Agobard de les avoir choisis et rassemblés avec une partialité incroyable : « eine, von unglaublicher Einseitigkeit zeugende, Zusammenstellung von Propheten, Herren, und Apostelworten » (*Agobard von Lyon*, p. 249).

2. « Breviter ego ista a nobis perstricta sint. Nam et cedendum est majoribus, etc. » (Ch. XXVII, *P. L.*, t. CIV, col. 100.)

3. « Als Beweis für diese Behauptung tischt Agobard eine Reihe kritiklos aufgelesener Talmüdmärchen. » (Wiegand, *Agobard von Lyon*, p. 249)

4. « Es ist ein schauerliches Gemisch von Unvernunft und Leidenschaftlichkeit in das man hier hineinblickt .» Wiegand, *ibid.*, p. 249. Cf. Th. Reinach, *Agobard et les juifs* dans la *Revue des études juives*, t. L, p. CV, CVI.

5. *De Judaïcis superstitionibus*, chap. X, *P. L.*, t. CIV, col. 86 et suiv.

juifs sont, en vérité, étranges et l'on est tenté d'abord de les négliger comme calomnieuses. Cependant, pour peu que l'on ait feuilleté les Talmuds, on leur trouve avec ces textes authentiques un air d'incontestable parenté. Plusieurs des traits rapportés par Agobard se lisent tels quels dans les Talmuds, par exemple l'existence de plusieurs terres, enfers et cieux. On y retrouve également les noms de Racha (pour Raquia) et d'Araboth, « qui est le ciel où Dieu réside », comme le répète fort bien Agobard. Le Talmud enregistre également la prière Chemoneesre avec ses malédictions contre les chrétiens, et en règle la récitation trois fois par jour [1]. Sauf quelques parties du paragraphe sur les membres de Dieu toutes les assertions d'Agobard peuvent se rattacher à des textes Talmudiques.

Il y a plus, on a pu déterminer divers ouvrages particuliers auxquels fait allusion l'évêque de Lyon, sans d'ailleurs les avoir lus puisque toute son information est orale. Ce sont : le Schiour Koma, dimensions de la statue (de l'être divin), les Hekaloth, sanctuaires ou palais, et l'Othioth, les lettres, c'est-à-dire l'alphabet, de Rabbi Akiba (ce dernier livre traite du symbolisme des lettres). On retrouve dans le Sepher ha Zohar une longue page analogue à celle des Othioth.

Il est moins sûr qu'Agobard ait connu le Sepher Yetsirah, livre de la création, où l'on traite des rapports entre les dix premiers nombres et les vingt-deux lettres. On l'a supposé [2] parce qu'il rapporte que les Juifs croient que leur alphabet a existé de toute éternité. Mais l'ensemble de son information est d'ordre « Aggadique » et rien d'autre n'indiquerait qu'il ait connu la philosophie du mysticisme juif, c'est-à-dire la Kabbale proprement dite [3].

Le récit injurieux de la vie de Jésus, rapporté par Agobard [4],

1. Sur les prescriptions talmudiques contre les Goïm, cf. Loeb, dans la *Revue des études juives*, t. I (1880), p. 251.

2. Joüon, art. *Kabbale*, dans le *Dictionnaire apologétique*, t. XX, col. 1765.

3. Cf. Israël Levy, *Etudes sur les juifs de France*, dans le *Rapport au Séminaire israélite pour* 1903 ; Th. Reinach, dans la *Revue des études juives*, t. L, p. cvi.

4. « Nam in doctrinis majorum suorum legunt, Jesum juvenem quemdam fuisse apud eos honorabilem et magisterio Baptistae Johannis eruditum, quamplures habuisse discipulos, quorum uni propter duritiam et hebetudinem sensus kephae id est Petrae nomen imposuerit. Et cum expectaretur a populo ad diem festum, quosdam ei de schola sua pueros occurisse, qui illi ex honore et reverentia magistri cantaverint : Osanna filio David.

Ad extremum vero, propter plura mendacia accusatum Tiberii judicio in carcerem retrusum, eo quod filia ipsius (cui, sine viro, masculi partum promiserat) lapidis conceptum intulerit.

Inde etiam, veluti magum detestabilem, furca suspensum ; ubi et petra in capite percussum ; atque hoc modo occisum.

Juxta quemdam aquaeductum sepultum, et Judaeo cuidam ad custodiam commendatum ; noctu vero, subita aquaeductus inundatione, sublatum, Pilati jussu per duodecim lunas quaesitum, nec usque inventum.

Tunc Pilatum hujusmodi ad eos promulgasse legem : « Manifestum est,

pose un problème assez curieux. Ce récit n'est pas identique à celui qu'on lit dans les « Toldoth Jesu [1] » dont il se rapproche cependant beaucoup. Ce petit livre bien connu, le plus significatif de la polémique anti-chrétienne, n'étant probablement pas antérieur au XIe siècle, on peut supposer que le récit d'Agobard nous donne une forme plus ancienne d'une tradition orale définitivement fixée dans les « Toldoth ».

Au total, il est certain que l'évêque de Lyon ne se fait pas l'écho de rumeurs populaires analogues à celles qui prétendirent que les juifs empoisonnaient les puits ou qu'ils martyrisaient les enfants pour recueillir leur sang. La qualité de son information prouve, au contraire, qu'il avait eu, comme il le dit, de fréquentes conférences avec des juifs cultivés [2]. Ce sont d'authentiques propos de juifs à la tête remplie de traditions aggadiques, qu'il nous rapporte fidèlement [3].

On ne peut donc pas sans légèreté l'accuser de calomnie. On ne peut pas non plus trouver mauvais qu'il soit offensé par les injures réellement très basses, répandues sur la personne sacrée du Christ. On ne peut pas davantage s'étonner que, adversaire de toute superstition [4], il dénonce l'absurdité des spéculations théologiques que l'on a vues [5].

inquit, resurrexisse illum sicut promiserat, qui et a vobis per invidiam peremptus est, et neque in tumulo neque in ullo alio invenitur loco. Et ob hanc causam praecipio ut adoretis eum. Quod qui facere noluerit, partem suam in inferno futuram esse cognoscat. » P.L., col. 87 c.

1. LOEB dans la *Revue d'histoire des religions*, t. XVII, p. 317, dit qu'Agobard connaissait certainement les Toledot. Nous supposons, au contraire, que c'est le rédacteur des Toledot qui connaissait la tradition orale attestée par Agobard.

2. *P. L.*, t. CIV, col. 86 C.

3. Telle est la conclusion d'une consultation qu'a bien voulu nous donner un éminent spécialiste, M. Paul VUILLAUD.

4. Agobard est l'auteur de quatre remarquables traités contre les superstitions de son temps :

1° *Adversus legem Gundobadi et impia certamina quae par eam geruntur* (P. *L.*, t. CIV, col. 113).

2° *De divinis sententiis digestus, cum brevissimis adnotationibus, contra damnabilem opinionem putantium divini judicii veritatem igne, vel aquis, vel conflictu armorum patefieri* (*Ibid.*, col. 249).

3° *Contra insulsam vulgi opinionem de grandine et tonitruis* (*ibid.*, col. 147).

4° *De quorundam illusione signorum* (*ibid.*, col. 179).

5. Il semble que les interlocuteurs d'Agobard aient entendu de la façon la plus littérale les propositions qu'il rapporte. Telle est également l'opinion de M. Paul VUILLAUD : « Une question se pose, écrit-il, après la lecture de la lettre d'Agobard. Comment les juifs avec lesquels il était en relations concevaient-ils les traditions transmises par le Schiour-Koma ? Il paraît bien qu'ils les envisageaient d'un point de vue somatique. De là probablement l'indignation, chez Agobard, de voir des intellignces encroûtées de superstitions. Je le crois d'autant mieux qu'il distingue les « Juifs charnels » des « juifs spirituels ». Il est évident que les docteurs de l'ancien mysticisme — car tout ce que relate Agobard appartient à d'anciennes données mystiques — suggéraient dans leurs prédications publiques toute la féérie eschatologique, les dimensions de l'Etre divin et autres images, en les expliquant allégoriquement. »

Il ne faut pas oublier enfin qu'Agobard ne conclut aucunement à l'extermination des juifs, mais seulement à la nécessité de tenir les chrétiens en garde contre une «perfidie» capable d'ébranler ou, du moins, de troubler la foi chez les simples [1].

La crainte de l'évêque de Lyon n'est ni feinte ni vaine. On imagine trop souvent le IXe siècle comme un âge tout chrétien. En réalité les populations de l'Empire nous paraissent encore bien chancelantes dans la foi. La fierté qu'elles montrent généralement de leur christianisme n'empêche pas que leur religion manque de lumière. Agobard est constamment obligé dans sa prédication de revenir sur le principe fondamental que Dieu est unique et qu'il est Esprit. Ne soyons pas surpris de trouver « le peuple chrétien » très sensible aux prestiges du Judaïsme comme il l'est d'ailleurs à l'attrait des superstitions les plus grossières. Le « *De superstitionibus* » est un livre de bonne foi.

Il est douteux qu'un traité de ce genre ait changé quoi que ce soit aux dispositions de la cour. Agobard en doutait probablement tout le premier.

V

Du danger de la fréquentation des juifs

Sa lettre à Nibridius [2], *De Cavendo convictu et societate judaïca*, montre qu'il songeait à mettre en œuvre d'autres moyens. Il demande à l'évêque de Narbonne dont l'autorité paraît avoir été considérable, de le soutenir [3] et même de l'aider à organiser avec ses collègues de l'épiscopat un mouvement d'opinion dont la force finisse par emporter la résistance du palais [4].

Cet appel à l'opinion est caractéristique des méthodes d'Agobard, de ce que l'on a très bien nommé son génie de publiciste. Il ne prend pas son parti d'une décision injuste. Sans proclamer le droit à la désobéissance en pareil cas, il déclare impossible, en fait, qu'un empereur religieux et fidèle à Dieu ait donné des ordres contraires à la loi divine et aux canons de l'Eglise [5]. En toute liberté, avec un courage intrépide, il maintient le bon droit et attend son secours de la justice même de sa cause et de la force de la conscience chrétienne.

2. *P. L.*, t. CIV, col. 77 A.
1. *Epistola S. Agobardi exhortatoria ad Nibridium episcopum Narbonensem de cavendo convictu et societate judaïca* (*Patr. lat.*, t. CIV, col. 107-114). Nibridius, évêque de Narbonne vers 799, légat de Charlemagne au concile d'Arles, en 813 ; mort après 822, avant 828.
3. *P. L.*, t. CIV, col. 108.
4. *P. L.*, t. CIV, col. 114.
5. *P. L.*, t. CIV, col. 112.

La lettre à Nibridius reprend ce que nous savons déjà. Elle y ajoute d'intéressants détails de mœurs sur les relations familières entre chrétiens et juifs. On voit combien ceux-ci, bien loin d'être l'objet de mépris, sont entourés de prestige, comment ils corrompent leurs familiers, comment ils attirent à leurs pratiques et à leur croyance de naïfs chrétiens peu à peu séduits [1].

Le mouvement d'adhésion au judaïsme paraît avoir pris à cette époque une certaine importance, tandis que l'évêque de Lyon doit convenir qu'il n'obtient pas de conversions de juifs à la vraie foi [2]. Et il conclut encore à la nécessité de la séparation selon la tradition de l'Eglise.

La revue rapide que nous venons de passer des écrits de l'évêque de Lyon, sur la question juive, permet, croyons-nous, d'affirmer que l'antisémitisme dont ils témoignent n'a rien d'un fanatisme haineux. La conduite d'Agobard est dictée par le souci du bien des âmes, de celles qu'il s'agit de gagner au Christ, de celles aussi qu'il s'agit de préserver. Quels que soient ses griefs, il ne se laisse pas entraîner à d'injustes violences. L'attitude qu'il préconise est faite de raison, de sagesse et aussi, quoi qu'on en ait dit, de charité. « Puisque les juifs vivent parmi nous, dit-il, et que nous ne devons pas être méchants à leur égard, ni faire tort à leur vie ou à leur santé ou à leurs richesses, observons la *mesure* prescrite par l'Eglise, qui est de nous conduire envers eux avec *prudence* et en même temps avec *humanité* [3]. » Paroles d'autant plus significatives qu'elles sont prononcées au moment où le triomphe insolent des juifs aurait pu inciter l'évêque aux représailles. Nous y trouvons un résumé fidèle de la pensée constante d'Agobard : point de persécutions, ni d'injustices, « humanité », mais « prudence », réserve, séparation surtout, selon la discipline traditionnelle de l'Eglise : tenez les juifs à distance, ne les laissez pas dominer.

Il est tout à fait exagéré de dire que l'antisémitisme du Moyen Age a sa source dans Agobard [4]. Les dispositions législatives contre les juifs remontent beaucoup plus haut. Agobard n'a

1. ...« dum ex familiaritate nimia et assidua cohabitatione aliqui de grege christiano sabbatum quidem cum judaeis colunt, diem vero dominicam illicita operatione violant, neo non et jejunia statuta dissolvunt ; pleraeque mulierculae, ancillarum jure, aliae ab ipsis velut mercenariae detinentur, nonnullae etiam corrumpuntur, omnes vero hujusmodi vel dominationi, vel libidini, vel deceptioni eorum in commune prostituuntur ; adnitentibus in hoc ipsum diaboli filiis, odio subdolo et fallacibus blandimentis ; dum se patriarcharum progeniem, justorum genus, prophetarum sobolem superbo ore proloquuntur... »

2. Parmi les conversions au judaïsme, celle du diacre Bodon fit grand bruit. De noble famille germanique, diacre du Palais, spécialement chéri de l'empereur, il s'enfuit avec un de ses neveux à Saragosse, s'y fit circoncire et épousa une juive. Cf. SIMSON, *Jahrbücher des fränkischen Reichs...*, t. II, p. 252 et suiv.

3. *De Insolentia judaeorum*, *P. L.*, t. CIV, col. 74 A.

4. WIEGAND. *Agobard von Lyon*, p. 249-250.

proprement rien innové, il a simplement voulu maintenir en vigueur les mesures établies qu'une faveur extraordinaire tendait à rendre inopérantes. Son intervention marque un incident dans le développement des relations entre chrétiens et juifs et il n'y a pas lieu d'en majorer l'importance. Cependant nous croyons volontiers avec Wiegand que Louis le Pieux a mal servi ses amis juifs en les favorisant de façon si éclatante : il a passé les justes limites et provoqué une vive réaction. Il n'importe guère que les protestations d'Agobard aient eu peu de succès sur le moment : un sentiment qui s'exprime se renforce et l'évêque de Lyon avait donné à l'expression de la défiance envers les juifs une clarté et une vigueur exceptionnelles. Ses censeurs ont seulement trop oublié que cette vigueur n'avait pas exclu « *la mesure.* »

CHAPITRE VIII

LES ŒUVRES PASTORALES

I. De la dignité du sacerdoce - II. Du gouvernement ecclésiastique - III. De l'espérance et de la crainte - IV. De la vérité de la Foi

I

De la dignité du sacerdoce

Les écrits dont il nous reste à donner un aperçu, sont consacrés à l'exhortation et à l'instruction des fidèles ou des clercs, ce sont les œuvres proprement pastorales.

Le traité de « *Privilegio et jure sacerdotii* » [1] est beaucoup mieux intitulé sur l'un des manuscrits « de Sacerdotii dignitate » [2].

Il ne s'agit pas de revendiquer pour le sacerdoce des privilèges politiques ou autres, mais de rappeler aux prêtres aussi bien qu'aux fidèles l'éminente dignité du sacerdoce chrétien.

Aux laïcs, Agobard recommande de vénérer le Sacrement divin dans tous les prêtres, quelle que soit la valeur personnelle de ceux-ci [3] — leur indignité même n'enlève pas sa valeur au sacrifice qu'ils offrent [4].

Aux prêtres, Agobard recommande les vertus requises par leur état. Il insiste avant tout, sur la pureté de la doctrine qu'ils doivent posséder et enseigner. Il distingue quatre sortes de prêtres : Il faut, dit-il, aimer ceux qui vivent bien et enseignent bien ; tolérer ceux qui vivent bien, mais ne sont pas capables d'enseigner et ceux qui vivent mal, mais enseignent bien ; mépriser ceux qui vivent mal et qui sont ignorants ; anathématiser ceux qui vivent bien ou mal, mais qui enseignent l'erreur [5]. On voir quelle prépondérance il attribue à la doctrine.

Parmi les abus qu'il dénonce en passant, comme portant atteinte au respect que l'on doit au Sacerdoce, le plus intéressant pour l'histoire des mœurs est celui des « prêtres domestiques » [6]. Il n'est si petit seigneur qui ne veuille avoir un prêtre à lui, non point pour l'honorer mais pour l'employer à toute sorte d'offices, y compris le service de la table, des chiens ou des chevaux et pour pouvoir se dispenser d'assister aux offices publics de l'Eglise. Ces prêtres domestiques sont, en général, peu recommandables parce que un bon clerc n'accepterait jamais la condition qui leur est faite. Aussi quelles que soient les exigences des laïcs, Agobard refusera désormais de leur faire des ordinations de ce genre.

1. *Ad Bernardum Episcopum de privilegio et jure Sacerdotii.* P.L., CIV, col. 127.
2. Le Ms B. *(Codex Marnesianus)*. Ce titre se trouvait d'ailleurs suggéré par une phrase d'Agobard lui-même « interim de excellentia et dignitate Sacerdotii vel Sacerdotum coepta persequamur. »
3. *Ibid.*, col. 142.
4. *Ibid.*, col. 128. col. 142-143.
5. *Ibid.*, col. 146.
6. *Ibid.*, col. 138-139.
Le même abus est condamné par le *concile de Paris* de 829. C. 19.

II

Du gouvernement ecclésiastique

Le traité « *de modo regiminis ecclesiastici* » [1] est adressé aux clercs et aux moines de Lyon.

Il s'agit non pas de l'administration temporelle de l'Eglise, mais des principes qui doivent guider les pasteurs dans l'exercice de leur gouvernement spirituel.

Ces principes sont évidemment ceux dont Agobard s'inspirait lui-même [2].

Ce qu'il requiert avant tout du pasteur, c'est le désintéressement personnel et l'amour du Christ, qui est le véritable époux des âmes, leur salut : « unus est sponsus qui habet sponsam » [3].

Si celui qui prend la charge de gouverner et de prêcher, cherche en même temps sa consolation dans les richesses, les ornements, la chasse, la pêche et, ce qui est pire, les banquets, l'ivresse et la musique, il n'est pas au service de Dieu, mais de l'antéchrist, il est prêtre aux yeux des hommes seulement [4].

Les hérétiques ne sont pas les seuls à adultérer la parole de Dieu, mais aussi ceux qui, en prêchant, cherchent autre chose que le salut des auditeurs [5] ; ceux qui, par le ministère sacré, s'efforcent de parvenir aux honneurs et aux richesses, ou, s'ils ne peuvent prétendre si haut, à s'assurer seulement le vivre et le couvert.

Si un clerc ou un moine placé au-dessus des autres se montre affable envers eux pour gagner leurs cœurs et leurs louanges, il est adultère. Mais celui qui est doux et prudent pour amener ceux qu'il gouverne à l'amour de l'Epoux celui-là est digne de gouverner les âmes [6].

Que tout pasteur instruise donc, nourrisse et corrige ses brebis, non pour lui-même, mais pour Dieu. Le Christ a dit à Pierre : « Pasce agnos *meos* [7]. »

Doctrine exacte, présentée dans sa rigoureuse austérité.

1. *Epistola ad clericos et Monachos Lugdunenses de modo regiminis ecclesiastici.* P.L., t. CIV, col. 189-200.

Peut-être faudrait-il dater cet écrit de sa prise de possession en 816. Il contiendrait en ce cas des allusions aux difficultés que soulevait son élévation à l'épiscopat.

2. « ...per quae cognoscere dignemini quae ego in actione ecclesiastici regiminis tenenda putem. » *Ibid.*, col. 189. Agobard éprouve le besoin de s'expliquer pour mettre fin à diverses « rumeurs et suspicions ». Peut-être sa rigueur à réprimer les abus était-elle jugée excessive. C. 1, col. 189.

3. *Ibid.*, col. 189.

4. *Ibid.*, col. 193-194.

5. *Ibid.*, col. 195.

6. *Ibid.*, col. 195-196.

7. *Ibid.*, col. 197. Par pasteur, Agobard entend ici non pas seulement les évêques, mais les abbés, les supérieurs et les prêtres. *Ibid.*, col. 198-199.

Il faut noter que Agobard recommande la soumission aux supérieurs reli-

III

De l'espérance et de la crainte

La lettre à Ebbon, évêque de Reims, *de Spe et Timore*, n'est que la préface d'un manuel d'ascétique composé par Agobard à la demande de son ami [2]. Ebbon, dont nous aurons à parler à propos de la déposition de Louis le Pieux, était alors au plus haut point de sa fortune. Peut-être en prenant pour sujet l' « espérance et la crainte » Agobard, pensait-il à la fragilité de cette fortune et aux tentations inséparables des trop grands et trop constants succès.

Il développe cette idée, toute classique, que l'espérance et la crainte sont également nécessaires à l'équilibre de la vertu : si l'espérance ne s'accompagne pas de crainte, elle devient vaine présomption et orgueil ; si la crainte est sans espérance, elle tourne à l'abattement et au désespoir [3].

Le désir exprimé par l'évêque de Reims de porter toujours avec soi un choix des beaux passages de la Sainte Ecriture pour pouvoir les méditer en tout temps, « en montant à cheval et en en descendant », témoigne en faveur de sa piété [4]. Il n'est pas improbable que, après l'échec politique de ce prélat, on ait, à plaisir, attaqué sa réputation.

En s'adressant à Agobard, comme à un guide spirituel, il nous montre en tout cas, que l'évêque de Lyon passait pour un homme de piété et de doctrine.

IV

De la vérité de la Foi

Le « *de fidei Veritate* » est un sermon au peuple [5]. Il nous donne une idée de la manière dont Agobard remplissait cette fonction essentielle de l'évêque : la prédication.

gieux, même s'ils gouvernent mal : les brebis pieuses cherchent un bon pasteur, elles doivent cependant supporter le mauvais, simple mercenaire, parce qu' « il est assis dans la chaire de Moïse ». Qu'on ne croie donc pas perdue la brebis fidèle qui supporte prudemment un mauvais pasteur. (C. 12 et 13.)

On peut supposer qu'il professe des principes analogues à l'égard des autorités civiles.

1. *Agobardi Epistola ad Ebbonem episc. Rhemensem de Spe et Timore.* P.L., t. CIV, col. 323-326.
2. *Ibid.*, col. 323.
3. *Ibid.*, col. 325.
4. *Ibid.*, col. 323.
5. *Sermo exhortatorius ad plebem de fidei veritate et totius boni institutione.* P.L., t. CIV, col. 267.

Nous le voyons, une fois de plus, avant tout préoccupé de doctrine. Il s'efforce d'inculquer le dogme dans ce qu'il a de plus essentiel, de plus élevé, mais aussi de plus difficile : la Trinité, l'Incarnation [1], la Rédemption, l'unité du corps mystique.

Agobard insiste beaucoup sur cette universelle unité dans le Christ [2]. L'idée que nous avons rencontrée déjà, lui est évidemment chère et nous devrons toujours la supposer à la base de ses réflexions politiques.

A cette plénitude du Christ, il oppose l'unité de ceux qui appartiennent au démon et à l'antéchrist et qui forment, eux aussi, un seul corps [3].

Il faut les combattre, mais non par les armes ; aux persécutions, il faut opposer la patience ; aux attaques, contre la foi, l'autorité des Ecritures, la raison, la vérité ; aux tentations du démon, le travail, l'abstinence, la continence, les veilles [4].

Surtout, il faut avoir confiance en Dieu et ne pas craindre les persécuteurs [5]. Ici encore, l'insistance d'Agobard révèle une idée chère et qu'il avait eu mainte occasion de méditer pour lui-même. Nous l'avons vu dans les divers conflits où il s'est engagé, et nous le verrons encore sur le terrain politique, constamment soucieux de ne pas se laisser arrêter par la crainte. Son courage, il l'attend tout entier de Dieu [6]. Il recommande de recourir à lui sans cesse par la prière [7].

Cette doctrine toute classique, prend dans la bouche de cet inlassable lutteur, un accent personnel très émouvant. Son discours s'achève sur les perspectives du jugement dernier : il désire, il appelle cet avènement du grand Dieu en qui repose son espérance. « Pour vous qui craignez Mon Nom, se lèvera un soleil de justice... [8] »

Nous ensevelirons sa mémoire si discutée sous cette sublime épitaphe.

1. « ...ex Sancta Virgine ad hoc praeparata et custodita. » Ce dernier mot contiendrait-il une allusion à l'Immaculée Conception ? *Ibid.*, col. 271.

2. Cf. notamment ch. X. Par la médiation du Christ, Dieu et Homme, toute créature élue est unie au Père. Dans cette ineffable unité spirituelle, il n'y a aucune diversité de race ou de condition. Aussi bien des anges que des hommes une seule maison, une seule cité de Dieu se forme. Et toute cette grande et admirable unité a une seule tête : le Christ. Tout le développement est fait des textes de saint Paul. *Ibid.*, col. 271

3. *Ibid.*, col. 277 sqq.

4. *Ibid.*, col. 276.

5. *Ibid.*, col. 283-284.

6. *Ibid.*, col. 284.

7. *Ibid.*, col. 285 sqq.

8. *Ibid.*, col. 288.

Ce sermon n'est évidemment pas composé à la manière du XVIIe siècle. On n'y trouve pas une parfaite unité, pas de divisions, mais l'ensemble reste clair, en continuelle progression, animé d'un grand souffle, tout nourri de textes de la Sainte Ecriture.

CHAPITRE IX

PERSONNALITÉ D'AGOBARD. LE SAINT

L'œuvre littéraire que nous venons de parcourir, suffit à montrer combien fut remplie la vie pastorale d'Agobard, en dehors même de toute activité politique, et l'on ne s'étonne pas du grand souvenir qu'il a laissé.

L'homme apparaît comme l'un des plus éminents de son temps, « l'homme le plus éclairé qu'ait formé le siècle de Charlemagne » [1], « la tête la plus claire de son siècle ! » [2].

L'éloge est grand, il n'est pas outré, peut-être même n'est-il pas suffisant. La vérité est qu'Agobard dépasse son siècle, qu'il le précède parfois de très loin.

Ses dons naturels sont remarquables. D'une volonté puissante, d'un esprit large et ouvert, d'une intelligence lucide, d'un jugement solide et mesuré, il se montre en toute occasion l'homme de la droite raison, l'ennemi des erreurs, des préjugés, des sottises. Il a la passion du bon sens. Son raisonnement va d'un pas ferme et parfaitement sûr de soi. Il précise, il distingue, on ne lui en impose pas. Il condamne toute œuvre qui n'a pour elle ni la force de la vérité, ni la beauté de la raison, « nulla veritate subnixa, nulla ratione ornata ».

De là procèdent les qualités essentielles de son style, qualités de type classique qui le placent fort au-dessus de ses plus illustres contemporains : ordre et fermeté de la composition, clarté de la pensée, justesse de l'expression, élégante simplicité de la phrase. Au terme de la renaissance carolingienne Agobard apparaît comme un tout premier témoin du génie littéraire français. Oserions-nous dire qu'il fait pressentir, par delà tout le Moyen Age, l'esthétique de Boileau :

> « Aimez donc la raison. Que toujours vos écrits
> « Empruntent d'elle seule et leur lustre et leur prix [3] ».
> ....
> Rien n'est beau que le vrai, le vrai seul est aimable [4].

Agobard souscrirait à de telles maximes.

Cet amour du vrai guide merveilleusement son goût et lui inspire l'horreur de tout ce qui est recherché, prétentieux, pompeux. On trouve à peine trace chez lui de cette préciosité barbare si répandue parmi les meilleurs écrivains de son temps. Il ne veut

1. Henri Martin, *Histoire de France* (1855), t. II, p. 399.
2. Reuter, *Geschichte der religiösen Aufklärung im Mittelalter*, t. I, p. 24.
3. Boileau, *Art Poétique*, chant I.
4. Boileau, *Epître IX* au marquis de Seignelay.

pas que l'on change à la Vérité le simple vêtement qu'elle s'est choisi dans l'Ecriture et lui-même évite les amples draperies. Quand il s'élève à l'éloquence, c'est sans nulle rhétorique, par la naturelle expression d'une âme réellement ardente, passionnée, soulevée de mouvements puissants qu'elle domine d'ailleurs toujours, dernier trait de tenue classique.

C'est ainsi que, sans parler beaucoup de lui-même, il se peint si vivement dans ses écrits. Le style, c'est ici vraiment l'Homme, et ce n'est pas le moindre intérêt de la grande œuvre littéraire qu'il a laissée, que de nous livrer non pas un auteur, mais un homme et de grande classe.

Sa science est très étendue, toute d'Eglise naturellement. L'Ancien et le Nouveau Testament le fournissent de jugements, et, ce qui est plus fondamental encore, de mots et de concepts. Il est tellement nourri d'Ecriture Sainte qu'il semble avoir fait des textes sacrés sa propre substance. Ils se pressent sous sa plume, inséparablement incorporés à sa pensée : ce sont à peine des citations.

Outre l'Ecriture, il cite une multitude de Conciles et de Pères avec une certaine préférence, semble-t-il, pour saint Augustin. Son érudition, en cette partie, est considérable.

Pour les auteurs profanes, il est impossible au temps où il vivait et à Lyon, qu'il ne les ait pas quelque peu cultivés [1]. Ses essais poétiques attestent une certaine connaissance des modèles antiques et il doit certainement aux exercices de l'Ecole, une part de ses qualités d'écrivain.

Quelque prix que nous attachions à celles-ci, prenons garde, d'ailleurs, d'en majorer l'importance. Agobard n'a rien de l'homme de lettres. Toutes les ressources de son esprit, y compris la science, y compris l'art de penser et d'écrire, sont mobilisées au service des entreprises qu'il poursuit. Ses écrits, disions-nous, sont des actes ; il faut ajouter : ce sont des actes d'Evêque.

Nous avons réservé le titre d'œuvres pastorales à un petit groupe d'écrits. Mais à vrai dire, toutes les œuvres d'Agobard sont pastorales puisqu'elles sont toutes dictées par le souci des âmes dont il a la garde.

Nous le voyons uniquement attentif aux besoins de son peuple, de son clergé, de ses moines. Il veille sur eux, prêt à défendre contre l'ennemi qui rôde, leurs mœurs et leur foi.

On a dit qu'il était un homme de combat ; l'expression ne nous paraît pas heureuse parce qu'elle s'entend d'un homme qui cherche la bataille. Agobard ne la cherche pas. Avant de l'engager, il essaye toujours des moyens pacifiques. Il n'est pas du tout l'homme abrupt que l'on imagine si souvent. Il a le sens de la

1. Le seul auteur profane qu'il cite est le grammarien Priscien dont il invoque l'autorité pour affirmer que, dans les inventions humaines, et par conséquent dans les langues, il ne faut rien attendre de parfait. *Contra objectiones Fredegisi abbatis*, M.G.H. Ep. Karol. aevi, III, p. 213.

mesure, il sait patienter, souffrir, composer, se contenter du possible. Mais ce qui est vrai, c'est qu'il y a pour lui des biens supérieurs, je ne dis pas seulement à sa propre tranquillité, mais à la paix, et s'il faut se battre pour les garder ou les conquérir, eh bien, il se battra, et il entrera en conflit avec tout le Palais et avec l'Empereur lui-même plutôt que de laisser perdre une âme, fût-ce celle d'un esclave juif.

On l'a comparé à Tertullien et il était naturel que l'on fit ce rapprochement parce qu'on sait qu'il avait le privilège de posséder un manuscrit de ce père [1], très peu connu, très rarement cité au Moyen Age. Il aurait donc subi l'influence du polémiste Africain au point d'en avoir pris le ton âpre et passionné.

A vrai dire, c'est un tout autre accent que nous reconnaissons dans la voix de l'Evêque de Lyon, et s'il faut lui trouver des ancêtres, c'est à saint Irénée et surtout à saint Paul que nous oserions penser. Comme l'Apôtre des Gentils il est dévoré par un zèle ardent qui ne lui laisse pas de repos. Quel abus, quelle erreur, quelle injustice n'a-t-il pas combattus ? Quelle souffrance publique ou privée n'a-t-il point partagée [2] ? Quel péril spirituel ou temporel n'a-t-il pas dénoncé ? Comme l'Apôtre, il est tout entier à la cause qu'il sert : il se tourmente, il se passionne ; il craint mais il ose quand même ; il réfute, il bataille, il veut, il appelle le secours de Dieu [3].

Cette sorte d'ardeur est bien ce qu'on nomme le zèle et les habitants de Lyon ne s'y sont pas trompés. Ils ont spontanément exprimé les sentiments de vénération et de gratitude qu'ils portaient à leur évêque en le plaçant sur leurs autels.

De temps immémorial Agobard jouit dans la région lyonnaise d'un renom de sainteté. Invoqué sous le nom de saint Agobo ou Aguebaud, il est un saint populaire. Les plus anciens textes attestent cette réputation [4].

1. Agobard a légué à l'Eglise Saint-Etienne de Lyon ce manuscrit de grande valeur, le plus ancien, semble-t-il, que l'on connaisse des écrits de Tertullien, c'est le « *Paris*, 1622, S. IX », l' « *Agobardinus* ».

2. « quis infirmatur et ego non infirmor, quis scandalizatur et ego non uror ? » 2 *Cor. XI*, 29.

3. « insta opportune, importune ; argue, obsecra, increpa... » Remarquons qu'il y a même « importune ». 2 *Tim*, *IV*, 2.

4. *La chronique de S. Bénigne de Dijon*, à l'année 840, porte : « Cette année, Agobard, évêque de Lyon, de sainte mémoire, mourut le 8 des ides de juin. »

Le martyrologe de Lyon à ce même jour : « A Lyon, de saint Agobard, évêque et confesseur. »

Le *martyrologe manuscrit du monastère de S. Claude*, à ce même jour « La déposition du Bienheureux Agobard, évêque de Lyon. »

On trouve dans les *Acta Sanctorum* des Bollandistes, la liste des nombreux auteurs qui, dans des calendriers, catalogues et autres ouvrages, reconnaissent à Agobard le titre de Saint.

Eux-mêmes déclarent (Acta Sanctorum, 1695, Ju., I, die VI, 748 (3e, 736). « Excités par tant de preuves et par tant d'autorités, nous ne craignons pas d'attribuer à Agobard le titre de Saint, ne nous laissant point effrayer par l'autorité d'André du Saussay qui le met seulement parmi les « hommes

Son culte à travers certaines vicissitudes s'est constamment maintenu. Il est actuellement célébré au rit double majeur et les vicissitudes dont nous parlons n'ont finalement servi qu'à manifester l'attachement profond et l'inviolable fidélité de l'Eglise lyonnaise à son illustre pasteur [1].

De nos jours les exigences en matière de canonisation sont devenues plus strictes qu'au IXe siècle.

pieux » dans son martyrologe (sans doute, disent-ils à cause de la part qu'il a prise au soulèvement contre Louis le Débonnaire), mais avec cette formule pleine de politesse : « Aujourd'hui l'Eglise de Lyon célèbre avec joie la déposition du Bienheureux Agobard, son insigne archevêque. »

1. Sur l'origine de ce culte et les vicissitudes par lesquelles il a passé, cf. CHEVALLARD, *op. cit.*, p. 16 sqq. et p. 376.

En 1662, l'*Indiculus* des saints lyonnais du R.-P. THÉOPHILE RAYNAUD, atteste qu'à cette époque on célébrait la fête du Saint par un office de rit double.

Il eut sa place dans les bréviaires et missels de Lyon, jusqu'à l'Episcopat de Mgr de Montazet (1758-1788), qui le supprima en même temps que Saint Bernard de Vienne pour flatter l'absolutisme royal.

Le Chapitre de Lyon protesta en un vigoureux mémoire daté de 1776. « La fantaisie ou la mode ne doivent point exercer leur pouvoir sur le culte des Saints pour exalter les uns en déprimant les autres. Dans la nouvelle liturgie on a retranché 20 offices propres à autant de saints que l'Eglise de Lyon a honorés jusqu'à ce jour pour des causes qu'il faut présumer légitimes, s'il n'apparaît le contraire. Parmi ces 20 offices, il y en a plusieurs que l'Eglise de Lyon verrait disparaître avec douleur ; tel est, par exemple, celui de saint Agobard, archevêque de Lyon, restaurateur et défenseur de notre ancienne liturgie. Il est vrai qu'il eut le malheur d'entrer dans des complots criminels contre Louis le Débonnaire ; mais ce prince eut égard à son repentir et ne se contenta pas de lui pardonner : il honora ses vertus et ses talents en l'admettant dans ses conseils... Mgr de Montazet n'ignore point cela puisque dans son instruction pastorale, il s'exprime en ces termes : « Saint Agobard, l'un de nos plus illustres prédécesseurs. » Convient-il d'effacer son nom des dyptiques de son Eglise ? L'Eglise de Lyon a, dans la liturgie actuelle, plusieurs leçons tirées des ouvrages de saint Irénée, de saint Eucher, de saint Agobard, du diacre Florus. Ce sont des trésors qui lui sont propres et qu'elle est trop jalouse de conserver. Il est glorieux pour elle de lire, dans ses offices, les écrits de ses propres docteurs et des écrivains ecclésiastiques qu'elle a donnés à l'Eglise. » Cité par CHEVALLARD, *op. cit.*, p. 376.

Cette protestation fut sans effet. L'office du Saint disparut et, en outre, les leçons et canons tirés de ses œuvres, à l'exception d'un seul qu'on trouve dans le bréviaire de 1775 sous le titre « ex epistola canonica beati Agobardi Lugdunensis episcopi ». Le titre de *beatus* est maintenu.

En 1844, Mgr de Bonald rétablit le culte de saint Agobard, mais par une simple mémoire, au 6 juin « in festo S. Claudii ». Plusieurs leçons tirées de ses œuvres sont rétablies.

Saint Bernard de Vienne est également rétabli et plus complètement, puisqu'il a sa fête propre au 23 janvier.

Le propre de Lyon composé en 1865, sous le même pontificat, pour le bréviaire Romain contient la même mémoire au 6 juin avec la même légende que le bréviaire de 1844.

Il est à remarquer que cette légende fait silence sur l'action politique du saint évêque ou du moins n'en retient qu'une partie ce qui laisserait supposer que Louis le Pieux n'eut jamais serviteur plus constamment dévoué : « ...saepius inculcat quanto studio in Dei laudibus persolvendis sectanda sit gravitas. Dum imperatorem Ludovicum in imperiali dignitate restitu-

Sans doute serait-il aisé, nous l'avons vu, de faire bonne justice des prétendues erreurs doctrinales d'Agobard, mais peut-être admettrait-on plus difficilement chez un Saint telles violences de langage dont il ne s'est point fait faute.

Que faut-il en penser ?

Faisons la part des mœurs ; elles étaient rudes. Celle du caractère aussi. Agobard est un génie plus fougueux qu'aimable, plus raisonnable que sensible, plus mâle que délicat. L'onction et la douceur lui sont naturellement étrangères. Son amour même du Christ, que l'on sent si pur, si ardent, si absolument dévoué, ne prend jamais l'accent de la tendresse. Ne nous étonnons pas s'il mène ses adversaires un peu rudement.

Mais, la part faite à la nature, peut-être faut-il, jusque dans la polémique, réserver celle de la grâce. Car enfin, cette ardeur qui l'entraîne et le soutient et lui fait braver le péril, n'est-ce pas encore et toujours le zèle, zèle de la vérité, zèle des âmes, zèle de l'Eglise. Qu'il bataille contre les idées ou contre les mœurs ou contre les hommes, nulle part nous ne le voyons agir pour des motifs égoïstes ou vils.

« Comme un bon soldat du Christ »[1] il s'engage partout où l'appelle la cause du Chef auquel il s'est voué. Sa vie est simple et très une : Il sert le Christ qui est pour lui toute vérité, tout bien, toute justice. Il le sert comme il l'aime, de tout son cœur, de toute son âme, de toutes ses forces[2], et il y a dans sa manière de se porter à l'action quelque chose de si franc, de si résolu, de si généreux qu'il a plus d'une fois gagné la sympathie de ses adversaires eux-mêmes[3].

tum suis adjuvaret consiliis, sanctitate et doctrina insignis, apud Santones obiit, octavo idus junii saeculo nono. »

Rome a indirectement sanctionné ce culte par l'approbation du propre du diocèse de Lyon. La dernière approbation par la Sacrée Congrégation des Rites, sous le pontificat du Cardinal Sevin, date du 27 mai 1914. Notons aussi l'inscription au *catalogue même de l'Index* avec la mention S. (Sanctus). Edit. 1929, p. 6.

1. « Sicut bonus miles christi » 2e *Tim.* II, 3.

2. « Diliges Dominum Deum tuum ex toto corde tuo, et ex toto anima tua et ex tota fortitudine tua. » *Deut. VI*, 5.

3. Ita Manitius : « Uns mag heute die spätere Politik des Mannes nicht gefallen, aber trotzdem haftet ihm etwas Ehrfurchtgebietendes an. Er ist ganz ein Mann der Tat, kein Gelehrter, kein Schönschreiber, und doch ein in gewissem Sinne glänzender Stilist, denn er zündet in seinen Schriften und reisst mit sich fort, wahrscheinlich besonders deshalb, weil er an das glaubt, was er schreibt. » *Gesch. d. Lat. Lit. des Mittelalt.*, I, 385.

Kleinclausz, *op. cit.*, p. 269. porte sur Agobard un jugement d'ensemble excellent, mais sans note morale : « Evrivain distingué d'une érudition profonde, vigoureux et précis, sachant exactement ce qu'il voulait dire et le disant bien, il fut le publiciste du parti. »

Nous préférons celui d'Ebert : « Le premier publiciste moderne, appartenant à la catégorie de ceux qui devaient lutter par la parole, il ne manqua aucune occasion de s'en servir et si on peut lui reprocher de s'être parfois trompé (une note montre que cette réserve fait allusion à la polémique contre

Quelques réserves que ceux-ci croient devoir maintenir, ils ne contesteront pas qu'il soit l'un des plus grands parmi les grands évêques qui ont fondé l'Eglise en France et façonné pour des siècles l'âme française.

Tel est l'homme, le Saint, dont nous avons à retracer la carrière politique. Ce que nous savons de lui dès à présent nous autorise à présumer qu'il y sera guidé par le zèle du bien public et qu'ayant fait choix de la cause qu'il croira bonne, il la soutiendra résolument.

les juifs) du moins on ne peut nier qu'il ait eu le courage de ses opinions, la sincérité pour excuse. Il ne craignit jamais d'élever la voix toutes les fois qu'il s'agit pour lui de ce qu'il croyait la vérité, soit de la vérité évangélique, soit de la vérité politique. » *Op. cit.*, t. II, p. 234.

TABLE DES MATIÈRES

3-1949. — Saint-Amand (Cher),
Imprimerie Ch.-A. BÉDU N° 31.1293
Dépôt légal 4e trimestre 1948 : d'imprimeur, n° 444